Mi

Estudio

Bíblico

de Génesis, Éxodo, Levítico, Números y Deuteronomio

Este Estudio Bíblico pertenece a:

_____

2 Timoteo 3:16-17

(Reina-Valera 1960)

Toda la Escritura es inspirada por Dios, y útil para enseñar, para redargüir, para corregir, para instruir en justicia, a fin de que el hombre de Dios sea perfecto, enteramente preparado para toda buena obra.

Génesis

L M Mi J V S D   Fecha: _____

Tema: _____

Versiculo clave:

_____
_____
_____
_____
_____
_____
_____

Palabras nuevas - Significado

_____
_____
_____
_____
_____
_____
_____

Observación: ¿Que es lo que el pasaje dice?

_____
_____
_____
_____
_____
_____
_____

Interpretación: ¿Que significa este pasaje?

_____
_____
_____
_____
_____
_____
_____

Aplicación: ¿Como se aplica a mi vida?

_____
_____
_____
_____
_____
_____
_____

Oración: Pida a Dios que le ayude a aplicar lo que ha aprendido en el estudio y compartirlo con otros.

_____
_____
_____
_____
_____
_____
_____

L M Mi J V S D   Fecha:_____

Tema:_____

Versiculo clave:

_____
_____
_____
_____
_____
_____

Palabras nuevas - Significado

_____
_____
_____
_____
_____

Observación: ¿Que es lo que el pasaje dice?

_____
_____
_____
_____
_____
_____

Interpretación: ¿Que significa este pasaje?

Aplicación. ¿Como se aplica a mi vida?

Oración: Pida a Dios que le ayude a aplicar lo que ha aprendido en el estudio y compartirlo con otros.

L M Mi J V S D   Fecha:_____

Tema:_____

Versiculo clave:

_____
_____
_____
_____
_____
_____

Palabras nuevas - Significado

_____
_____
_____
_____
_____
_____

Observación: ¿Que es lo que el pasaje dice?

_____
_____
_____
_____
_____
_____
_____

Interpretación: ¿Que significa este pasaje?

_____
_____
_____
_____
_____
_____
_____
_____

Aplicación: ¿Como se aplica a mi vida?

_____
_____
_____
_____
_____
_____

Oración: Pida a Dios que le ayude a aplicar lo que ha aprendido en el estudio y compartirlo con otros.

_____
_____
_____
_____
_____
_____
_____
_____

L M Mi J V S D   Fecha: _____

Tema: _____

Versiculo clave:

_____
_____
_____
_____
_____
_____
_____

Palabras nuevas - Significado

_____
_____
_____
_____
_____
_____
_____

Observación: ¿Que es lo que el pasaje dice?

_____
_____
_____
_____
_____
_____
_____

Interpretación: ¿Que significa este pasaje?

_____
_____
_____
_____
_____
_____
_____
_____

Aplicación: ¿Como se aplica a mi vida?

_____
_____
_____
_____
_____
_____
_____

Oración: Pida a Dios que le ayude a aplicar lo que ha aprendido en el estudio y compartirlo con otros.

_____
_____
_____
_____
_____
_____
_____
_____

L M Mi J V S D Fecha:_____

Tema:_____

Versiculo clave:

_____

Palabras nuevas - Significado

_____

Observación: ¿Que es lo que el pasaje dice?

_____

Interpretación: ¿Que significa este pasaje?

Aplicación: ¿Como se aplica a mi vida?

Oración: Pida a Dios que le ayude a aplicar lo que ha aprendido en el estudio y compartirlo con otros.

L M Mi J V S D   Fecha:_____

Tema:_____

Versiculo clave:

_____
_____
_____
_____
_____
_____
_____

Palabras nuevas - Significado

_____
_____
_____
_____
_____
_____
_____
_____

Observación: ¿Que es lo que el pasaje dice?

_____
_____
_____
_____
_____
_____
_____

Interpretación: ¿Que significa este pasaje?

Aplicación: ¿Como se aplica a mi vida?

Oración: Pida a Dios que le ayude a aplicar lo que ha aprendido en el estudio y compartirlo con otros.

L M Mi J V S D   Fecha: _____

Tema: _____

Versiculo clave:

_____
_____
_____
_____
_____
_____
_____

Palabras nuevas - Significado

_____
_____
_____
_____
_____
_____
_____

Observación: ¿Que es lo que el pasaje dice?

_____
_____
_____
_____
_____
_____
_____

Interpretación: ¿Que significa este pasaje?

Aplicación: ¿Como se aplica a mi vida?

Oración: Pida a Dios que le ayude a aplicar lo que ha aprendido en el estudio y compartirlo con otros.

L M Mi J V S D   Fecha: _____

Tema: _____

Versiculo clave:

_____
_____
_____
_____
_____
_____
_____

Palabras nuevas - Significado

_____
_____
_____
_____
_____
_____
_____
_____

Observación: ¿Que es lo que el pasaje dice?

_____
_____
_____
_____
_____
_____
_____
_____

Interpretación: ¿Que significa este pasaje?

Aplicación: ¿Como se aplica a mi vida?

Oración: Pida a Dios que le ayude a aplicar lo que ha aprendido en el estudio y compartirlo con otros.

Genesis 12

L M Mi J V S D   Fecha:_____

Tema:_____

Versiculo clave:

_____
_____
_____
_____
_____
_____

Palabras nuevas - Significado

_____
_____
_____
_____
_____
_____
_____

Observación: ¿Que es lo que el pasaje dice?

_____
_____
_____
_____
_____
_____
_____

Interpretación: ¿Que significa este pasaje?

_____
_____
_____
_____
_____
_____
_____
_____

Aplicación: ¿Como se aplica a mi vida?

_____
_____
_____
_____
_____
_____
_____

Oración: Pida a Dios que le ayude a aplicar lo que ha aprendido en el estudio y compartirlo con otros.

_____
_____
_____
_____
_____
_____
_____
_____

L m mi J V S D Fecha:_____

Tema:_____

Versiculo clave:

_____
_____
_____
_____
_____
_____

Palabras nuevas - Significado

_____
_____
_____
_____
_____

Observación: ¿Que es lo que el pasaje dice?

_____
_____
_____
_____
_____
_____

Interpretación: ¿Que significa este pasaje?

_____

_____

_____

_____

_____

_____

_____

Aplicación: ¿Como se aplica a mi vida?

_____

_____

_____

_____

_____

_____

Oración: Pida a Dios que le ayude a aplicar lo que ha aprendido en el estudio y compartirlo con otros.

_____

_____

_____

_____

_____

_____

_____

L M Mi J V S D   Fecha: _____

Tema: _____

Versiculo clave:

_____
_____
_____
_____
_____
_____
_____

Palabras nuevas - Significado

_____
_____
_____
_____
_____
_____

Observación: ¿Que es lo que el pasaje dice?

_____
_____
_____
_____
_____
_____
_____

Interpretación: ¿Que significa este pasaje?

Aplicación: ¿Como se aplica a mi vida?

Oración: Pida a Dios que le ayude a aplicar lo que ha aprendido en el estudio y compartirlo con otros.

L m mi J V S D Fecha:_____

Tema:_____

Versiculo clave:

_____
_____
_____
_____
_____
_____
_____

Palabras nuevas - Significado

_____
_____
_____
_____
_____
_____

Observación: ¿Que es lo que el pasaje dice?

_____
_____
_____
_____
_____
_____
_____

Interpretación: ¿Que significa este pasaje?

_____
_____
_____
_____
_____
_____
_____
_____

Aplicación: ¿Como se aplica a mi vida?

_____
_____
_____
_____
_____
_____
_____
_____

Oración: Pida a Dios que le ayude a aplicar lo que ha aprendido en el estudio y compartirlo con otros.

_____
_____
_____
_____
_____
_____
_____
_____

L M Mi J V S D   Fecha:_____

Tema:_____

Versiculo clave:

_____
_____
_____
_____
_____
_____
_____

Palabras nuevas - Significado

_____
_____
_____
_____
_____
_____
_____

Observación: ¿Que es lo que el pasaje dice?

_____
_____
_____
_____
_____
_____
_____

Interpretación: ¿Que significa este pasaje?

Aplicación: ¿Como se aplica a mi vida?

Oración: Pida a Dios que le ayude a aplicar lo que ha aprendido en el estudio y compartirlo con otros.

L m mi J v s D Fecha:_____

Tema:_____

Versiculo clave:

_____
_____
_____
_____
_____
_____
_____

Palabras nuevas - Significado

_____
_____
_____
_____
_____
_____

Observación: ¿Que es lo que el pasaje dice?

_____
_____
_____
_____
_____
_____
_____

Interpretación: ¿Que significa este pasaje?

_____
_____
_____
_____
_____
_____
_____

Aplicación: ¿Como se aplica a mi vida?

_____
_____
_____
_____
_____
_____

Oración: Pida a Dios que le ayude a aplicar lo que ha aprendido en el estudio y compartirlo con otros.

_____
_____
_____
_____
_____
_____
_____

L m mi J v S D Fecha:_____

Tema:_____

Versiculo clave:

_____
_____
_____
_____
_____

Palabras nuevas - Significado

_____
_____
_____
_____
_____

Observación: ¿Que es lo que el pasaje dice?

_____
_____
_____
_____
_____
_____

Interpretación: ¿Que significa este pasaje?

_____
_____
_____
_____
_____
_____
_____
_____

Aplicación: ¿Como se aplica a mi vida?

_____
_____
_____
_____
_____
_____
_____

Oración: Pida a Dios que le ayude a aplicar lo que ha aprendido en el estudio y compartirlo con otros.

_____
_____
_____
_____
_____
_____
_____
_____

L M Mi J V S D   Fecha: _____

Tema: _____

Versiculo clave:

_____
_____
_____
_____
_____
_____
_____

Palabras nuevas - Significado

_____
_____
_____
_____
_____
_____
_____

Observación: ¿Que es lo que el pasaje dice?

_____
_____
_____
_____
_____
_____
_____

Interpretación: ¿Que significa este pasaje?

_____
_____
_____
_____
_____
_____

Aplicación: ¿Como se aplica a mi vida?

_____
_____
_____
_____
_____

Oración: Pida a Dios que le ayude a aplicar lo que ha aprendido en el estudio y compartirlo con otros.

_____
_____
_____
_____
_____
_____
_____

L m mi J v S D   Fecha: _____

Tema: _____

Versiculo clave:

_____
_____
_____
_____
_____
_____
_____

Palabras nuevas - Significado

_____
_____
_____
_____
_____
_____

Observación: ¿Que es lo que el pasaje dice?

_____
_____
_____
_____
_____
_____
_____

Interpretación: ¿Que significa este pasaje?

Aplicación: ¿Como se aplica a mi vida?

Oración: Pida a Dios que le ayude a aplicar lo que ha aprendido en el estudio y compartirlo con otros.

L M Mi J V S D   Fecha:_____

Tema:_____

Versiculo clave:

_____
_____
_____
_____
_____
_____

Palabras nuevas - Significado

_____
_____
_____
_____
_____
_____

Observación: ¿Que es lo que el pasaje dice?

_____
_____
_____
_____
_____
_____
_____

Interpretación: ¿Que significa este pasaje?

_____
_____
_____
_____
_____
_____
_____

Aplicación: ¿Como se aplica a mi vida?

_____
_____
_____
_____
_____
_____
_____

Oración: Pida a Dios que le ayude a aplicar lo que ha aprendido en el estudio y compartirlo con otros.

_____
_____
_____
_____
_____
_____
_____

L M Mi J V S D Fecha:_____

Tema:_____

Versiculo clave:

_____
_____
_____
_____
_____
_____
_____

Palabras nuevas - Significado

_____
_____
_____
_____
_____
_____
_____

Observación: ¿Que es lo que el pasaje dice?

_____
_____
_____
_____
_____
_____
_____

Interpretación: ¿Que significa este pasaje?

_____
_____
_____
_____
_____
_____
_____

Aplicación: ¿Como se aplica a mi vida?

_____
_____
_____
_____
_____
_____

Oración: Pida a Dios que le ayude a aplicar lo que ha aprendido en el estudio y compartirlo con otros.

_____
_____
_____
_____
_____
_____
_____
_____

L m mi J v s D Fecha:_____

Tema:_____

Versiculo clave:

_____
_____
_____
_____
_____
_____
_____

Palabras nuevas - Significado

_____
_____
_____
_____
_____
_____
_____

Observación: ¿Que es lo que el pasaje dice?

_____
_____
_____
_____
_____
_____
_____

Interpretación: ¿Que significa este pasaje?

_____
_____
_____
_____
_____
_____
_____

Aplicación: ¿Como se aplica a mi vida?

_____
_____
_____
_____
_____
_____

Oración: Pida a Dios que le ayude a aplicar lo que ha aprendido en el estudio y compartirlo con otros.

_____
_____
_____
_____
_____
_____
_____
_____
_____

L m mi J v S D   Fecha:_____

Tema:_____

Versiculo clave:

_____
_____
_____
_____
_____
_____
_____
_____

Palabras nuevas - Significado

_____
_____
_____
_____
_____
_____

Observación: ¿Que es lo que el pasaje dice?

_____
_____
_____
_____
_____
_____
_____

Interpretación: ¿Que significa este pasaje?

Aplicación: ¿Como se aplica a mi vida?

Oración: Pida a Dios que le ayude a aplicar lo que ha aprendido en el estudio y compartirlo con otros.

L M Mi J V S D   Fecha:_____

Tema:_____

Versiculo clave:

_____
_____
_____
_____
_____
_____
_____

Palabras nuevas - Significado

_____
_____
_____
_____
_____
_____

Observación: ¿Que es lo que el pasaje dice?

_____
_____
_____
_____
_____
_____
_____

Interpretación: ¿Que significa este pasaje?

_____
_____
_____
_____
_____
_____
_____
_____

Aplicación: ¿Como se aplica a mi vida?

_____
_____
_____
_____
_____
_____
_____

Oración: Pida a Dios que le ayude a aplicar lo que ha aprendido en el estudio y compartirlo con otros.

_____
_____
_____
_____
_____
_____
_____
_____

L M Mi J V S D   Fecha: _____

Tema: _____

Versiculo clave:

_____
_____
_____
_____
_____
_____
_____

Palabras nuevas - Significado

_____
_____
_____
_____
_____
_____

Observación: ¿Que es lo que el pasaje dice?

_____
_____
_____
_____
_____
_____
_____

Interpretación: ¿Que significa este pasaje?

_____
_____
_____
_____
_____
_____
_____
_____

Aplicación: ¿Como se aplica a mi vida?

_____
_____
_____
_____
_____
_____
_____

Oración: Pida a Dios que le ayude a aplicar lo que ha aprendido en el estudio y compartirlo con otros.

_____
_____
_____
_____
_____
_____
_____
_____

L m mi J V S D   Fecha: _____

Tema: _____

Versiculo clave:

_____
_____
_____
_____
_____
_____

Palabras nuevas - Significado

_____
_____
_____
_____
_____

Observación: ¿Que es lo que el pasaje dice?

_____
_____
_____
_____
_____
_____

Interpretación: ¿Que significa este pasaje?

_____
_____
_____
_____
_____
_____
_____

Aplicación: ¿Como se aplica a mi vida?

_____
_____
_____
_____
_____
_____

Oración: Pida a Dios que le ayude a aplicar lo que ha aprendido en el estudio y compartirlo con otros.

_____
_____
_____
_____
_____
_____
_____
_____

L M Mi J V S D Fecha:_____

Tema:_____

Versiculo clave:

_____

_____

_____

_____

_____

_____

Palabras nuevas - Significado

_____

_____

_____

_____

_____

Observación: ¿Que es lo que el pasaje dice?

_____

_____

_____

_____

_____

_____

_____

Interpretación: ¿Que significa este pasaje?

_____
_____
_____
_____
_____
_____
_____
_____

Aplicación: ¿Como se aplica a mi vida?

_____
_____
_____
_____
_____
_____
_____

Oración: Pida a Dios que le ayude a aplicar lo que ha aprendido en el estudio y compartirlo con otros.

_____
_____
_____
_____
_____
_____
_____
_____
_____

L M Mi J V S D   Fecha:_____

Tema:_____

Versiculo clave:

_____
_____
_____
_____
_____
_____
_____

Palabras nuevas - Significado

_____
_____
_____
_____
_____
_____
_____

Observación: ¿Que es lo que el pasaje dice?

_____
_____
_____
_____
_____
_____
_____

Interpretación: ¿Que significa este pasaje?

_____
_____
_____
_____
_____
_____

Aplicación: ¿Como se aplica a mi vida?

_____
_____
_____
_____
_____
_____

Oración: Pida a Dios que le ayude a aplicar lo que ha aprendido en el estudio y compartirlo con otros.

_____
_____
_____
_____
_____
_____
_____

L m mi J v s D   Fecha:_____

Tema:_____

Versiculo clave:

_____
_____
_____
_____
_____
_____

Palabras nuevas - Significado

_____
_____
_____
_____
_____
_____

Observación: ¿Que es lo que el pasaje dice?

_____
_____
_____
_____
_____
_____
_____

Interpretación: ¿Que significa este pasaje?

_____
_____
_____
_____
_____
_____
_____
_____

Aplicación: ¿Como se aplica a mi vida?

_____
_____
_____
_____
_____
_____
_____

Oración: Pida a Dios que le ayude a aplicar lo que ha aprendido en el estudio y compartirlo con otros.

_____
_____
_____
_____
_____
_____
_____
_____

Genesis 31

L M Mi J V S D Fecha: _____

Tema: _____

Versiculo clave:

_____
_____
_____
_____
_____
_____

Palabras nuevas - Significado

_____
_____
_____
_____
_____
_____
_____

Observación: ¿Que es lo que el pasaje dice?

_____
_____
_____
_____
_____
_____
_____

Interpretación: ¿Que significa este pasaje?

Aplicación: ¿Como se aplica a mi vida?

Oración: Pida a Dios que le ayude a aplicar lo que ha aprendido en el estudio y compartirlo con otros.

L M Mi J V S D Fecha:_____

Tema:_____

Versiculo clave:

_____
_____
_____
_____
_____
_____
_____

Palabras nuevas - Significado

_____
_____
_____
_____
_____
_____

Observación: ¿Que es lo que el pasaje dice?

_____
_____
_____
_____
_____
_____
_____

Interpretación: ¿Que significa este pasaje?

_____
_____
_____
_____
_____
_____
_____

Aplicación: ¿Como se aplica a mi vida?

_____
_____
_____
_____
_____
_____

Oración: Pida a Dios que le ayude a aplicar lo que ha aprendido en el estudio y compartirlo con otros.

_____
_____
_____
_____
_____
_____
_____
_____

L m mi J V S D   Fecha: _____

Tema: _____

Versiculo clave:

_____
_____
_____
_____
_____
_____

Palabras nuevas - Significado

_____
_____
_____
_____
_____

Observación: ¿Que es lo que el pasaje dice?

_____
_____
_____
_____
_____

Interpretación: ¿Que significa este pasaje?

_____
_____
_____
_____
_____
_____
_____

Aplicación: ¿Como se aplica a mi vida?

_____
_____
_____
_____
_____
_____
_____

Oración: Pida a Dios que le ayude a aplicar lo que ha aprendido en el estudio y compartirlo con otros.

_____
_____
_____
_____
_____
_____
_____

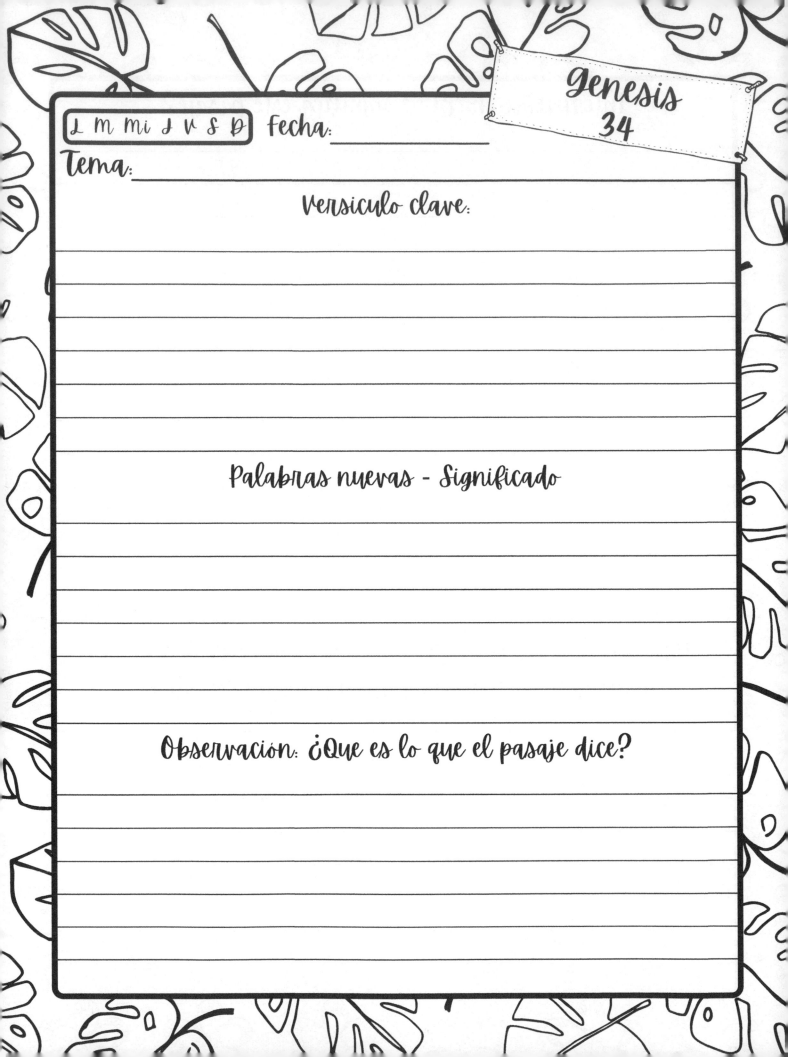

L M Mi J V S D Fecha: _____

Tema: _____

Versiculo clave:

_____
_____
_____
_____
_____
_____
_____
_____

Palabras nuevas - Significado

_____
_____
_____
_____
_____
_____
_____

Observación: ¿Que es lo que el pasaje dice?

_____
_____
_____
_____
_____
_____
_____

Interpretación: ¿Que significa este pasaje?

Aplicación: ¿Como se aplica a mi vida?

Oración: Pida a Dios que le ayude a aplicar lo que ha aprendido en el estudio y compartirlo con otros.

L M Mi J V S D   Fecha:_____

Tema:_____

Versiculo clave:

_____
_____
_____
_____
_____
_____
_____

Palabras nuevas - Significado

_____
_____
_____
_____
_____
_____
_____
_____

Observación: ¿Que es lo que el pasaje dice?

_____
_____
_____
_____
_____
_____
_____

Interpretación: ¿Que significa este pasaje?

_____
_____
_____
_____
_____
_____
_____
_____

Aplicación: ¿Como se aplica a mi vida?

_____
_____
_____
_____
_____
_____
_____

Oración: Pida a Dios que le ayude a aplicar lo que ha aprendido en el estudio y compartirlo con otros.

_____
_____
_____
_____
_____
_____
_____
_____

L M Mi J V S D   Fecha: _____

Tema: _____

Versiculo clave:

_____
_____
_____
_____
_____
_____
_____
_____

Palabras nuevas - Significado

_____
_____
_____
_____
_____
_____
_____
_____

Observación: ¿Que es lo que el pasaje dice?

_____
_____
_____
_____
_____
_____

Interpretación: ¿Que significa este pasaje?

_____
_____
_____
_____
_____
_____
_____
_____

Aplicación: ¿Como se aplica a mi vida?

_____
_____
_____
_____
_____
_____

Oración: Pida a Dios que le ayude a aplicar lo que ha aprendido en el estudio y compartirlo con otros.

_____
_____
_____
_____
_____
_____
_____
_____
_____

L M Mi J V S D   Fecha:_____

Tema:_____

Versiculo clave:

_____
_____
_____
_____
_____
_____
_____
_____

Palabras nuevas - Significado

_____
_____
_____
_____
_____
_____

Observación: ¿Que es lo que el pasaje dice?

_____
_____
_____
_____
_____
_____
_____

Interpretación: ¿Que significa este pasaje?

_____
_____
_____
_____
_____
_____
_____
_____

Aplicación: ¿Como se aplica a mi vida?

_____
_____
_____
_____
_____
_____
_____
_____

Oración: Pida a Dios que le ayude a aplicar lo que ha aprendido en el estudio y compartirlo con otros.

_____
_____
_____
_____
_____
_____
_____
_____
_____
_____

L M Mi J V S D   Fecha: _____

Tema: _____

Versiculo clave:

_____
_____
_____
_____
_____
_____
_____

Palabras nuevas - Significado

_____
_____
_____
_____
_____
_____
_____

Observación: ¿Que es lo que el pasaje dice?

_____
_____
_____
_____
_____
_____
_____

Interpretación: ¿Que significa este pasaje?

_____
_____
_____
_____
_____
_____
_____

Aplicación: ¿Como se aplica a mi vida?

_____
_____
_____
_____
_____
_____
_____

Oración: Pida a Dios que le ayude a aplicar lo que ha aprendido en el estudio y compartirlo con otros.

_____
_____
_____
_____
_____
_____
_____

L m mi J V S D   Fecha:_____

Tema:_____

Versiculo clave:

_____
_____
_____
_____
_____
_____
_____

Palabras nuevas - Significado

_____
_____
_____
_____
_____
_____

Observación: ¿Que es lo que el pasaje dice?

_____
_____
_____
_____
_____
_____
_____
_____

Interpretación: ¿Que significa este pasaje?

_____
_____
_____
_____
_____
_____
_____
_____

Aplicación: ¿Como se aplica a mi vida?

_____
_____
_____
_____
_____
_____
_____

Oración: Pida a Dios que le ayude a aplicar lo que ha aprendido en el estudio y compartirlo con otros.

_____
_____
_____
_____
_____
_____
_____
_____

L M Mi J V S D Fecha: _____

Tema: _____

Versiculo clave:

_____
_____
_____
_____
_____
_____
_____

Palabras nuevas - Significado

_____
_____
_____
_____
_____
_____
_____

Observación: ¿Que es lo que el pasaje dice?

_____
_____
_____
_____
_____
_____
_____
_____
_____

Interpretación: ¿Que significa este pasaje?

_____
_____
_____
_____
_____
_____
_____

Aplicación: ¿Como se aplica a mi vida?

_____
_____
_____
_____
_____
_____

Oración: Pida a Dios que le ayude a aplicar lo que ha aprendido en el estudio y compartirlo con otros.

_____
_____
_____
_____
_____
_____
_____

L M Mi J V S D   Fecha: _____

Tema: _____

Versiculo clave:

_____
_____
_____
_____
_____
_____
_____

Palabras nuevas - Significado

_____
_____
_____
_____
_____
_____
_____

Observación: ¿Que es lo que el pasaje dice?

_____
_____
_____
_____
_____
_____
_____

Interpretación: ¿Que significa este pasaje?

_____
_____
_____
_____
_____
_____
_____
_____
_____

Aplicación: ¿Como se aplica a mi vida?

_____
_____
_____
_____
_____
_____
_____
_____

Oración: Pida a Dios que le ayude a aplicar lo que ha aprendido en el estudio y compartirlo con otros.

_____
_____
_____
_____
_____
_____
_____
_____

L m mi J V S D   Fecha:_____

Tema:_____

Versiculo clave:

_____
_____
_____
_____
_____
_____
_____

Palabras nuevas - Significado

_____
_____
_____
_____
_____
_____
_____

Observación: ¿Que es lo que el pasaje dice?

_____
_____
_____
_____
_____
_____
_____

Interpretación: ¿Que significa este pasaje?

Aplicación: ¿Como se aplica a mi vida?

Oración: Pida a Dios que le ayude a aplicar lo que ha aprendido en el estudio y compartirlo con otros.

L M Mi J V S D   Fecha: _____

Tema: _____

Versiculo clave:

_____
_____
_____
_____
_____
_____

Palabras nuevas - Significado

_____
_____
_____
_____
_____
_____
_____

Observación: ¿Que es lo que el pasaje dice?

_____
_____
_____
_____
_____
_____
_____

Interpretación: ¿Que significa este pasaje?

_____
_____
_____
_____
_____
_____
_____

Aplicación: ¿Como se aplica a mi vida?

_____
_____
_____
_____
_____
_____

Oración: Pida a Dios que le ayude a aplicar lo que ha aprendido en el estudio y compartirlo con otros.

_____
_____
_____
_____
_____
_____
_____
_____

L M Mi J V S D   Fecha: _____

Tema: _____

Versiculo clave:

_____
_____
_____
_____
_____
_____
_____

Palabras nuevas - Significado

_____
_____
_____
_____
_____
_____

Observación: ¿Que es lo que el pasaje dice?

_____
_____
_____
_____
_____
_____
_____

Interpretación: ¿Que significa este pasaje?

_____
_____
_____
_____
_____
_____
_____

Aplicación. ¿Como se aplica a mi vida?

_____
_____
_____
_____
_____
_____

Oración: Pida a Dios que le ayude a aplicar lo que ha aprendido en el estudio y compartirlo con otros.

_____
_____
_____
_____
_____
_____
_____
_____

L M Mi J V S D   Fecha: _____

Tema: _____

Versiculo clave:

_____

_____

_____

_____

_____

_____

Palabras nuevas - Significado

_____

_____

_____

_____

_____

_____

Observación: ¿Que es lo que el pasaje dice?

_____

_____

_____

_____

_____

_____

_____

Interpretación: ¿Que significa este pasaje?

Aplicación: ¿Como se aplica a mi vida?

Oración: Pida a Dios que le ayude a aplicar lo que ha aprendido en el estudio y compartirlo con otros.

L M Mi J V S D   Fecha: _____

Tema: _____

versiculo clave:

_____
_____
_____
_____
_____
_____
_____

Palabras nuevas - Significado

_____
_____
_____
_____
_____
_____
_____

Observación: ¿Que es lo que el pasaje dice?

_____
_____
_____
_____
_____
_____
_____
_____

Interpretación: ¿Que significa este pasaje?

Aplicación: ¿Como se aplica a mi vida?

Oración: Pida a Dios que le ayude a aplicar lo que ha aprendido en el estudio y compartirlo con otros.

L m mi J v s D Fecha: _____

Tema: _____

Versiculo clave:

_____
_____
_____
_____
_____
_____

Palabras nuevas - Significado

_____
_____
_____
_____
_____
_____

Observación: ¿Que es lo que el pasaje dice?

_____
_____
_____
_____
_____
_____
_____
_____

Interpretación: ¿Que significa este pasaje?

_____
_____
_____
_____
_____
_____
_____
_____

Aplicación: ¿Como se aplica a mi vida?

_____
_____
_____
_____
_____
_____

Oración: Pida a Dios que le ayude a aplicar lo que ha aprendido en el estudio y compartirlo con otros.

_____
_____
_____
_____
_____
_____
_____
_____

Éxodo

L M Mi J V S D   Fecha: _____

Tema: _____

Versiculo clave:

_____
_____
_____
_____
_____
_____

Palabras nuevas - Significado

_____
_____
_____
_____
_____
_____

Observación: ¿Que es lo que el pasaje dice?

_____
_____
_____
_____
_____
_____
_____

Interpretación: ¿Que significa este pasaje?

_____
_____
_____
_____
_____
_____
_____
_____
_____
_____

Aplicación: ¿Como se aplica a mi vida?

_____
_____
_____
_____
_____
_____
_____
_____
_____

Oración: Pida a Dios que le ayude a aplicar lo que ha aprendido en el estudio y compartirlo con otros.

_____
_____
_____
_____
_____
_____
_____
_____
_____

L M Mi J V S D   Fecha:_____

Tema:_____

Versiculo clave:
_____
_____
_____
_____
_____
_____

Palabras nuevas - Significado
_____
_____
_____
_____
_____
_____

Observación: ¿Que es lo que el pasaje dice?
_____
_____
_____
_____
_____
_____
_____

Interpretación: ¿Que significa este pasaje?

_____
_____
_____
_____
_____
_____
_____

Aplicación: ¿Como se aplica a mi vida?

_____
_____
_____
_____
_____
_____

Oración: Pida a Dios que le ayude a aplicar lo que ha aprendido en el estudio y compartirlo con otros.

_____
_____
_____
_____
_____
_____
_____
_____

L m mi J V S D   Fecha: _____

Tema: _____

Versiculo clave:

_____
_____
_____
_____
_____
_____
_____

Palabras nuevas - Significado

_____
_____
_____
_____
_____
_____

Observación: ¿Que es lo que el pasaje dice?

_____
_____
_____
_____
_____
_____
_____

Interpretación: ¿Que significa este pasaje?

Aplicación: ¿Como se aplica a mi vida?

Oración: Pida a Dios que le ayude a aplicar lo que ha aprendido en el estudio y compartirlo con otros.

L M Mi J V S D   Fecha: _____

Tema: _____

Versiculo clave:

_____
_____
_____
_____
_____
_____
_____
_____

Palabras nuevas - Significado

_____
_____
_____
_____
_____
_____
_____
_____

Observación: ¿Que es lo que el pasaje dice?

_____
_____
_____
_____
_____
_____
_____

Interpretación: ¿Que significa este pasaje?

Aplicucion: ¿Como se aplica a mi vida?

Oración: Pida a Dios que le ayude a aplicar lo que ha aprendido en el estudio y compartirlo con otros.

L m mi J v S D   Fecha: _____

Tema: _____

Versículo clave:

_____
_____
_____
_____
_____
_____
_____

Palabras nuevas - Significado

_____
_____
_____
_____
_____
_____

Observación: ¿Que es lo que el pasaje dice?

_____
_____
_____
_____
_____
_____
_____

Interpretación: ¿Que significa este pasaje?

_____
_____
_____
_____
_____
_____
_____
_____
_____

Aplicación: ¿Como se aplica a mi vida?

_____
_____
_____
_____
_____
_____
_____
_____

Oración: Pida a Dios que le ayude a aplicar lo que ha aprendido en el estudio y compartirlo con otros.

_____
_____
_____
_____
_____
_____
_____
_____

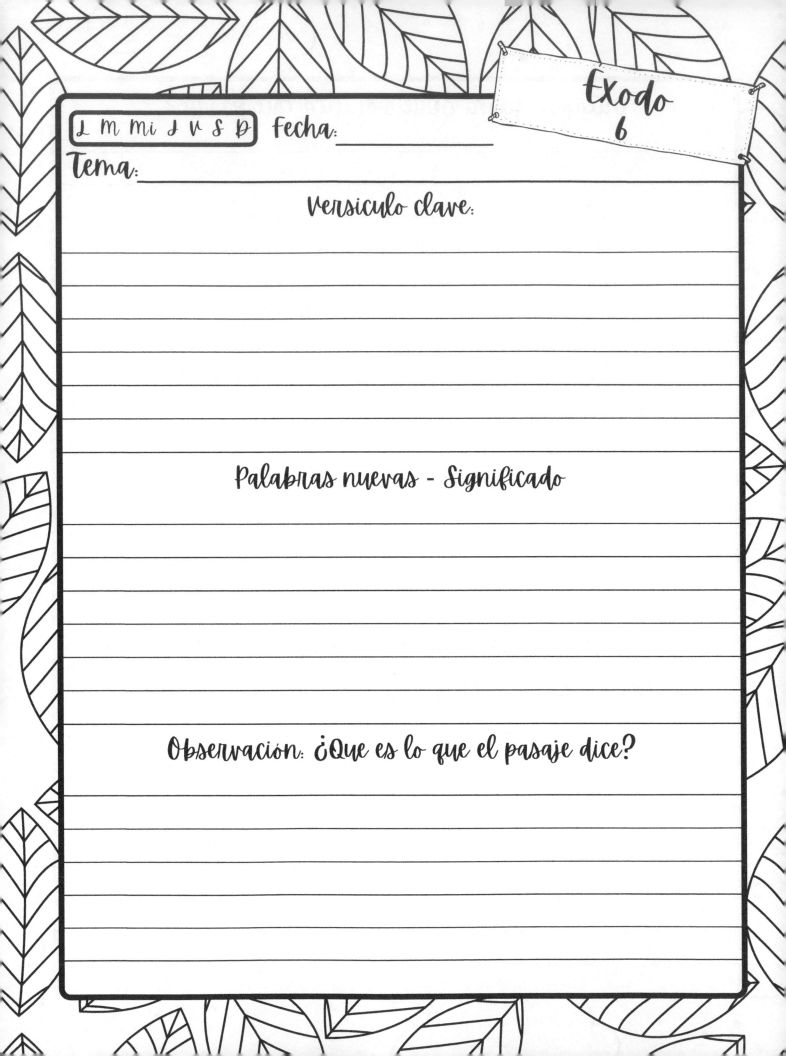

Éxodo 6

L m mi J v S D   Fecha: _____

Tema: _____

Versiculo clave:

_____
_____
_____
_____
_____
_____
_____

Palabras nuevas - Significado

_____
_____
_____
_____
_____
_____
_____

Observación: ¿Que es lo que el pasaje dice?

_____
_____
_____
_____
_____
_____

Interpretación: ¿Que significa este pasaje?

Aplicación: ¿Como se aplica a mi vida?

Oración: Pida a Dios que le ayude a aplicar lo que ha aprendido en el estudio y compartirlo con otros.

L M Mi J V S D   Fecha:_____

Tema:_____

Versiculo clave:

Palabras nuevas - Significado

Observación: ¿Que es lo que el pasaje dice?

Interpretación: ¿Que significa este pasaje?

_____
_____
_____
_____
_____
_____
_____

Aplicación: ¿Como se aplica a mi vida?

_____
_____
_____
_____
_____
_____

Oración: Pida a Dios que le ayude a aplicar lo que ha aprendido en el estudio y compartirlo con otros.

_____
_____
_____
_____
_____
_____
_____
_____

L M Mi J V S D   Fecha: _____

Tema: _____

Versiculo clave:

_____
_____
_____
_____
_____
_____

Palabras nuevas - Significado

_____
_____
_____
_____
_____
_____

Observación: ¿Que es lo que el pasaje dice?

_____
_____
_____
_____
_____
_____
_____

Interpretación: ¿Que significa este pasaje?

_____
_____
_____
_____
_____
_____
_____

Aplicación: ¿Como se aplica a mi vida?

_____
_____
_____
_____
_____
_____
_____
_____

Oración: Pida a Dios que le ayude a aplicar lo que ha aprendido en el estudio y compartirlo con otros.

_____
_____
_____
_____
_____
_____
_____

L M Mi J V S D   Fecha:_____

Tema:_____

Versículo clave:

_____
_____
_____
_____
_____
_____
_____

Palabras nuevas - Significado

_____
_____
_____
_____
_____
_____

Observación: ¿Que es lo que el pasaje dice?

_____
_____
_____
_____
_____
_____
_____
_____

Interpretación: ¿Que significa este pasaje?

_____
_____
_____
_____
_____
_____
_____

Aplicación: ¿Como se aplica a mi vida?

_____
_____
_____
_____
_____
_____

Oración: Pida a Dios que le ayude a aplicar lo que ha aprendido en el estudio y compartirlo con otros.

_____
_____
_____
_____
_____
_____
_____
_____

L M Mi J V S D Fecha: _____

Tema: _____

Versiculo clave:

_____
_____
_____
_____
_____
_____
_____
_____

Palabras nuevas - Significado

_____
_____
_____
_____
_____
_____
_____

Observación: ¿Que es lo que el pasaje dice?

_____
_____
_____
_____
_____
_____
_____

Interpretación: ¿Que significa este pasaje?

_____
_____
_____
_____
_____
_____
_____
_____

Aplicación: ¿Como se aplica a mi vida?

_____
_____
_____
_____
_____
_____

Oración: Pida a Dios que le ayude a aplicar lo que ha aprendido en el estudio y compartirlo con otros.

_____
_____
_____
_____
_____
_____
_____

L m mi J V S D   Fecha:_____

Tema:_____

Versículo clave:

_____
_____
_____
_____
_____
_____
_____

Palabras nuevas - Significado

_____
_____
_____
_____
_____
_____

Observación: ¿Qué es lo que el pasaje dice?

_____
_____
_____
_____
_____
_____

Interpretación: ¿Que significa este pasaje?

_____
_____
_____
_____
_____
_____
_____

Aplicación: ¿Como se aplica a mi vida?

_____
_____
_____
_____
_____
_____
_____

Oración: Pida a Dios que le ayude a aplicar lo que ha aprendido en el estudio y compartirlo con otros.

_____
_____
_____
_____
_____
_____
_____
_____

L M Mi J V S D Fecha:_____

Tema:_____

Versiculo clave:

_____
_____
_____
_____
_____
_____
_____

Palabras nuevas - Significado

_____
_____
_____
_____
_____
_____
_____

Observación: ¿Que es lo que el pasaje dice?

_____
_____
_____
_____
_____
_____

Interpretación: ¿Que significa este pasaje?

_____
_____
_____
_____
_____
_____
_____

Aplicación: ¿Como se aplica a mi vida?

_____
_____
_____
_____
_____

Oración: Pida a Dios que le ayude a aplicar lo que ha aprendido en el estudio y compartirlo con otros.

_____
_____
_____
_____
_____
_____
_____

Éxodo 15

L M Mi J V S D   Fecha:_____

Tema:_____

Versiculo clave:

_____
_____
_____
_____
_____
_____
_____

Palabras nuevas - Significado

_____
_____
_____
_____
_____
_____
_____

Observación: ¿Que es lo que el pasaje dice?

_____
_____
_____
_____
_____
_____
_____

Interpretación: ¿Que significa este pasaje?

_____
_____
_____
_____
_____
_____
_____
_____

Aplicación: ¿Como se aplica a mi vida?

_____
_____
_____
_____
_____
_____
_____

Oración: Pida a Dios que le ayude a aplicar lo que ha aprendido en el estudio y compartirlo con otros.

_____
_____
_____
_____
_____
_____
_____

L m mi J v S D   Fecha: _____

Tema: _____

Versiculo clave:

_____
_____
_____
_____
_____
_____
_____

Palabras nuevas - Significado

_____
_____
_____
_____
_____
_____
_____
_____

Observación: ¿Que es lo que el pasaje dice?

_____
_____
_____
_____
_____
_____
_____

Interpretación: ¿Que significa este pasaje?

_____
_____
_____
_____
_____
_____
_____
_____

Aplicación: ¿Como se aplica a mi vida?

_____
_____
_____
_____
_____
_____

Oración: Pida a Dios que le ayude a aplicar lo que ha aprendido en el estudio y compartirlo con otros.

_____
_____
_____
_____
_____
_____
_____
_____
_____

L m mi J V S D Fecha: _____

Tema: _____

Versiculo clave:

_____
_____
_____
_____
_____
_____

Palabras nuevas - Significado

_____
_____
_____
_____
_____
_____

Observación: ¿Que es lo que el pasaje dice?

_____
_____
_____
_____
_____
_____
_____
_____

Interpretación: ¿Que significa este pasaje?

Aplicación: ¿Como se aplica a mi vida?

Oración: Pida a Dios que le ayude a aplicar lo que ha aprendido en el estudio y compartirlo con otros.

L M Mi J V S D Fecha: _____

Tema: _____

Versiculo clave:

_____
_____
_____
_____
_____
_____
_____

Palabras nuevas - Significado

_____
_____
_____
_____
_____
_____

Observación: ¿Que es lo que el pasaje dice?

_____
_____
_____
_____
_____
_____
_____

Interpretación: ¿Que significa este pasaje?

_____
_____
_____
_____
_____
_____
_____

Aplicación: ¿Como se aplica a mi vida?

_____
_____
_____
_____
_____
_____

Oración: Pida a Dios que le ayude a aplicar lo que ha aprendido en el estudio y compartirlo con otros.

_____
_____
_____
_____
_____
_____
_____
_____

L m mi J V S D Fecha: _____

Tema: _____

Versiculo clave:

_____
_____
_____
_____
_____

Palabras nuevas - Significado

_____
_____
_____
_____
_____

Observación: ¿Que es lo que el pasaje dice?

_____
_____
_____
_____
_____
_____

Interpretación: ¿Que significa este pasaje?

_____
_____
_____
_____
_____
_____
_____
_____

Aplicación: ¿Como se aplica a mi vida?

_____
_____
_____
_____
_____
_____
_____

Oración: Pida a Dios que le ayude a aplicar lo que ha aprendido en el estudio y compartirlo con otros.

_____
_____
_____
_____
_____
_____
_____

L m mi J V S D   Fecha:_____

Tema:_____

Versiculo clave:

_____
_____
_____
_____
_____
_____

Palabras nuevas - Significado

_____
_____
_____
_____
_____
_____
_____

Observación: ¿Que es lo que el pasaje dice?

_____
_____
_____
_____
_____
_____
_____

Interpretación: ¿Que significa este pasaje?

_____
_____
_____
_____
_____
_____
_____
_____

Aplicación: ¿Como se aplica a mi vida?

_____
_____
_____
_____
_____
_____
_____

Oración: Pida a Dios que le ayude a aplicar lo que ha aprendido en el estudio y compartirlo con otros.

_____
_____
_____
_____
_____
_____
_____
_____

L M Mi J V S D Fecha: _____

Tema: _____

Versiculo clave:

_____
_____
_____
_____
_____
_____
_____

Palabras nuevas - Significado

_____
_____
_____
_____
_____
_____
_____

Observación: ¿Que es lo que el pasaje dice?

_____
_____
_____
_____
_____
_____

Interpretación: ¿Que significa este pasaje?

_____
_____
_____
_____
_____
_____
_____
_____
_____

Aplicación: ¿Como se aplica a mi vida?

_____
_____
_____
_____
_____
_____
_____

Oración: Pida a Dios que le ayude a aplicar lo que ha aprendido en el estudio y compartirlo con otros.

_____
_____
_____
_____
_____
_____
_____
_____
_____

L M Mi J V S D   Fecha:_____

Tema:_____

Versiculo clave:

_____
_____
_____
_____
_____
_____
_____

Palabras nuevas - Significado

_____
_____
_____
_____
_____
_____

Observación: ¿Que es lo que el pasaje dice?

_____
_____
_____
_____
_____
_____
_____

Interpretación: ¿Que significa este pasaje?

_____
_____
_____
_____
_____
_____
_____

Aplicación: ¿Como se aplica a mi vida?

_____
_____
_____
_____
_____
_____

Oración: Pida a Dios que le ayude a aplicar lo que ha aprendido en el estudio y compartirlo con otros.

_____
_____
_____
_____
_____
_____
_____
_____

L M Mi J V S D   Fecha: _____

Tema: _____

Versículo clave:

_____
_____
_____
_____
_____
_____
_____
_____

Palabras nuevas - Significado

_____
_____
_____
_____
_____
_____
_____

Observación: ¿Que es lo que el pasaje dice?

_____
_____
_____
_____
_____
_____
_____

Interpretación: ¿Que significa este pasaje?

Aplicación: ¿Como se aplica a mi vida?

Oración: Pida a Dios que le ayude a aplicar lo que ha aprendido en el estudio y compartirlo con otros.

L m mi J v S D   Fecha:_____

Tema:_____

Versículo clave:

_____
_____
_____
_____
_____
_____
_____

Palabras nuevas - Significado

_____
_____
_____
_____
_____
_____
_____
_____

Observación: ¿Que es lo que el pasaje dice?

_____
_____
_____
_____
_____
_____
_____

Interpretación: ¿Que significa este pasaje?

Aplicación: ¿Como se aplica a mi vida?

Oración: Pida a Dios que le ayude a aplicar lo que ha aprendido en el estudio y compartirlo con otros.

L M Mi J V S D   Fecha: _____

Tema: _____

Versiculo clave:

_____
_____
_____
_____
_____
_____

Palabras nuevas - Significado

_____
_____
_____
_____
_____

Observación: ¿Que es lo que el pasaje dice?

_____
_____
_____
_____
_____
_____
_____

Interpretación: ¿Que significa este pasaje?

_____
_____
_____
_____
_____
_____
_____
_____

Aplicación: ¿Como se aplica a mi vida?

_____
_____
_____
_____
_____
_____
_____

Oración: Pida a Dios que le ayude a aplicar lo que ha aprendido en el estudio y compartirlo con otros.

_____
_____
_____
_____
_____
_____
_____
_____
_____
_____

L M Mi J V S D   Fecha: _____

Tema: _____

Versiculo clave:

_____
_____
_____
_____
_____
_____

Palabras nuevas - Significado

_____
_____
_____
_____
_____

Observación: ¿Que es lo que el pasaje dice?

_____
_____
_____
_____
_____
_____

Interpretación: ¿Qué significa este pasaje?

_____
_____
_____
_____
_____
_____
_____

Aplicación: ¿Cómo se aplica a mi vida?

_____
_____
_____
_____
_____
_____

Oración: Pida a Dios que le ayude a aplicar lo que ha aprendido en el estudio y compartirlo con otros.

_____
_____
_____
_____
_____
_____
_____
_____

L m mi J V S D   Fecha: _____

Tema: _____

Versiculo clave:

_____
_____
_____
_____
_____
_____
_____

Palabras nuevas - Significado

_____
_____
_____
_____
_____
_____
_____
_____
_____

Observación: ¿Que es lo que el pasaje dice?

_____
_____
_____
_____
_____
_____
_____

Interpretación: ¿Que significa este pasaje?

_____
_____
_____
_____
_____
_____
_____
_____

Aplicación: ¿Como se aplica a mi vida?

_____
_____
_____
_____
_____
_____

Oración: Pida a Dios que le ayude a aplicar lo que ha aprendido en el estudio y compartirlo con otros.

_____
_____
_____
_____
_____
_____
_____
_____

L m mi J v S D   Fecha:_____

Tema:_____

Versiculo clave:

_____
_____
_____
_____
_____
_____
_____

Palabras nuevas - Significado

_____
_____
_____
_____
_____
_____
_____

Observación: ¿Que es lo que el pasaje dice?

_____
_____
_____
_____
_____
_____

Interpretación: ¿Que significa este pasaje?

_____
_____
_____
_____
_____
_____
_____
_____

Aplicación: ¿Como se aplica a mi vida?

_____
_____
_____
_____
_____
_____
_____

Oración: Pida a Dios que le ayude a aplicar lo que ha aprendido en el estudio y compartirlo con otros.

_____
_____
_____
_____
_____
_____
_____

L M Mi J V S D   Fecha: _____

Tema: _____

Versiculo clave:

_____
_____
_____
_____
_____
_____
_____

Palabras nuevas - Significado

_____
_____
_____
_____
_____
_____

Observación: ¿Que es lo que el pasaje dice?

_____
_____
_____
_____
_____
_____
_____

Interpretación: ¿Qué significa este pasaje?

Aplicación: ¿Como se aplica a mi vida?

Oración: Pida a Dios que le ayude a aplicar lo que ha aprendido en el estudio y compartirlo con otros.

L m mi J v s D Fecha:_____

Tema:_____

Versiculo clave:

_____
_____
_____
_____
_____
_____
_____

Palabras nuevas - Significado

_____
_____
_____
_____
_____
_____
_____

Observación: ¿Que es lo que el pasaje dice?

_____
_____
_____
_____
_____
_____

Interpretación: ¿Que significa este pasaje?

Aplicación: ¿Como se aplica a mi vida?

Oración: Pida a Dios que le ayude a aplicar lo que ha aprendido en el estudio y compartirlo con otros.

L M Mi J V S D Fecha:_____

Tema:_____

Versiculo clave:

_____
_____
_____
_____
_____
_____

Palabras nuevas - Significado

_____
_____
_____
_____
_____
_____
_____

Observación: ¿Que es lo que el pasaje dice?

_____
_____
_____
_____
_____
_____

Interpretación: ¿Que significa este pasaje?

_____
_____
_____
_____
_____
_____
_____
_____

Aplicación: ¿Como se aplica a mi vida?

_____
_____
_____
_____
_____
_____

Oración: Pida a Dios que le ayude a aplicar lo que ha aprendido en el estudio y compartirlo con otros.

_____
_____
_____
_____
_____
_____
_____
_____
_____

L m mi J V S D Fecha:_____

Tema:_____

Versiculo clave:

Palabras nuevas - Significado

Observación: ¿Que es lo que el pasaje dice?

Interpretación: ¿Que significa este pasaje?

_____
_____
_____
_____
_____
_____
_____

Aplicación: ¿Como se aplica a mi vida?

_____
_____
_____
_____
_____
_____

Oración: Pida a Dios que le ayude a aplicar lo que ha aprendido en el estudio y compartirlo con otros.

_____
_____
_____
_____
_____
_____
_____
_____

Éxodo 38

L m mi J V S D Fecha:_____

Tema:_____

Versículo clave:

_____
_____
_____
_____
_____
_____

Palabras nuevas - Significado

_____
_____
_____
_____
_____
_____

Observación: ¿Que es lo que el pasaje dice?

_____
_____
_____
_____
_____
_____

Interpretación: ¿Que significa este pasaje?

_____
_____
_____
_____
_____
_____
_____
_____

Aplicación: ¿Como se aplica a mi vida?

_____
_____
_____
_____
_____
_____

Oración: Pida a Dios que le ayude a aplicar lo que ha aprendido en el estudio y compartirlo con otros.

_____
_____
_____
_____
_____
_____
_____
_____

L M Mi J V S D Fecha:_____

Tema:_____

Versiculo clave:

_____
_____
_____
_____
_____
_____

Palabras nuevas - Significado

_____
_____
_____
_____
_____
_____

Observación: ¿Que es lo que el pasaje dice?

_____
_____
_____
_____
_____
_____

Interpretación: ¿Que significa este pasaje?

_____
_____
_____
_____
_____
_____
_____
_____

Aplicación: ¿Como se aplica a mi vida?

_____
_____
_____
_____
_____
_____
_____

Oración: Pida a Dios que le ayude a aplicar lo que ha aprendido en el estudio y compartirlo con otros.

_____
_____
_____
_____
_____
_____
_____
_____

L M Mi J V S D Fecha: _____

Tema: _____

Versiculo clave:

_____
_____
_____
_____
_____
_____
_____
_____

Palabras nuevas - Significado

_____
_____
_____
_____
_____
_____
_____
_____
_____

Observación: ¿Que es lo que el pasaje dice?

_____
_____
_____
_____
_____
_____
_____
_____

Interpretación: ¿Que significa este pasaje?

_____

_____

_____

_____

_____

_____

_____

Aplicación: ¿Como se aplica a mi vida?

_____

_____

_____

_____

_____

_____

Oración: Pida a Dios que le ayude a aplicar lo que ha aprendido en el estudio y compartirlo con otros.

_____

_____

_____

_____

_____

_____

_____

  ———————————

Levítico

L M Mi J V S D   Fecha:_____

Tema:_____

Versiculo clave:

_____
_____
_____
_____
_____
_____
_____

Palabras nuevas - Significado

_____
_____
_____
_____
_____
_____
_____

Observación: ¿Que es lo que el pasaje dice?

_____
_____
_____
_____
_____
_____
_____

Interpretación: ¿Que significa este pasaje?

_____
_____
_____
_____
_____
_____
_____

Aplicación: ¿Como se aplica a mi vida?

_____
_____
_____
_____
_____
_____

Oración: Pida a Dios que le ayude a aplicar lo que ha aprendido en el estudio y compartirlo con otros.

_____
_____
_____
_____
_____
_____
_____
_____

L M Mi J V S D   Fecha: _____

Tema: _____

Versiculo clave:

_____

_____

_____

_____

_____

_____

_____

Palabras nuevas - Significado

_____

_____

_____

_____

_____

_____

Observación: ¿Que es lo que el pasaje dice?

_____

_____

_____

_____

_____

_____

Interpretación: ¿Que significa este pasaje?

_____
_____
_____
_____
_____
_____
_____
_____

Aplicación: ¿Como se aplica a mi vida?

_____
_____
_____
_____
_____
_____
_____

Oración: Pida a Dios que le ayude a aplicar lo que ha aprendido en el estudio y compartirlo con otros.

_____
_____
_____
_____
_____
_____
_____
_____
_____

L M Mi J V S D Fecha: _____

Tema: _____

Versículo clave:

_____
_____
_____
_____
_____
_____
_____

Palabras nuevas - Significado

_____
_____
_____
_____
_____
_____
_____

Observación: ¿Que es lo que el pasaje dice?

_____
_____
_____
_____
_____
_____
_____

Interpretación: ¿Que significa este pasaje?

_____
_____
_____
_____
_____
_____
_____

Aplicación: ¿Como se aplica a mi vida?

_____
_____
_____
_____
_____
_____

Oración: Pida a Dios que le ayude a aplicar lo que ha aprendido en el estudio y compartirlo con otros.

_____
_____
_____
_____
_____
_____
_____

L M Mi J V S D Fecha:_____

Tema:_____

Versiculo clave:

_____
_____
_____
_____
_____
_____
_____

Palabras nuevas - Significado

_____
_____
_____
_____
_____
_____
_____

Observación: ¿Que es lo que el pasaje dice?

_____
_____
_____
_____
_____
_____
_____

Interpretación: ¿Que significa este pasaje?

_____
_____
_____
_____
_____
_____
_____

Aplicación: ¿Como se aplica a mi vida?

_____
_____
_____
_____
_____
_____

Oración: Pida a Dios que le ayude a aplicar lo que ha aprendido en el estudio y compartirlo con otros.

_____
_____
_____
_____
_____
_____
_____
_____
_____

L M Mi J V S D Fecha: _____

Tema: _____

Versículo clave:

_____

_____

_____

_____

_____

_____

_____

_____

Palabras nuevas - Significado

_____

_____

_____

_____

_____

_____

_____

_____

Observación: ¿Que es lo que el pasaje dice?

_____

_____

_____

_____

_____

_____

_____

Interpretación: ¿Que significa este pasaje?

_____
_____
_____
_____
_____
_____
_____
_____

Aplicación: ¿Como se aplica a mi vida?

_____
_____
_____
_____
_____
_____
_____
_____

Oración: Pida a Dios que le ayude a aplicar lo que ha aprendido en el estudio y compartirlo con otros.

_____
_____
_____
_____
_____
_____
_____
_____
_____

L M Mi J V S D Fecha: _____

Tema: _____

Versículo clave:

_____
_____
_____
_____
_____
_____
_____
_____

Palabras nuevas - Significado

_____
_____
_____
_____
_____
_____
_____

Observación: ¿Que es lo que el pasaje dice?

_____
_____
_____
_____
_____
_____
_____

Interpretación: ¿Que significa este pasaje?

_____
_____
_____
_____
_____
_____
_____
_____

Aplicación: ¿Como se aplica a mi vida?

_____
_____
_____
_____
_____
_____

Oración: Pida a Dios que le ayude a aplicar lo que ha aprendido en el estudio y compartirlo con otros.

_____
_____
_____
_____
_____
_____
_____
_____
_____

L M Mi J V S D Fecha: _____

Tema: _____

Versículo clave:

_____
_____
_____
_____
_____
_____
_____

Palabras nuevas - Significado

_____
_____
_____
_____
_____
_____

Observación: ¿Que es lo que el pasaje dice?

_____
_____
_____
_____
_____
_____
_____

Interpretación: ¿Qué significa este pasaje?

_____
_____
_____
_____
_____
_____
_____
_____

Aplicación: ¿Como se aplica a mi vida?

_____
_____
_____
_____
_____
_____

Oración: Pida a Dios que le ayude a aplicar lo que ha aprendido en el estudio y compartirlo con otros.

_____
_____
_____
_____
_____
_____
_____
_____

L m mi J V S D   Fecha:_____

Tema:_____

Versículo clave:

_____
_____
_____
_____
_____
_____

Palabras nuevas - Significado

_____
_____
_____
_____
_____
_____
_____
_____

Observación: ¿Que es lo que el pasaje dice?

_____
_____
_____
_____
_____
_____
_____

Interpretación: ¿Que significa este pasaje?

_____
_____
_____
_____
_____
_____
_____
_____

Aplicación: ¿Como se aplica a mi vida?

_____
_____
_____
_____
_____
_____
_____

Oración: Pida a Dios que le ayude a aplicar lo que ha aprendido en el estudio y compartirlo con otros.

_____
_____
_____
_____
_____
_____
_____

L m mi J V S D   Fecha: _____

Tema: _____

Versículo clave:

_____
_____
_____
_____
_____
_____
_____

Palabras nuevas - Significado

_____
_____
_____
_____
_____
_____

Observación: ¿Que es lo que el pasaje dice?

_____
_____
_____
_____
_____
_____

Interpretación: ¿Que significa este pasaje?

_____
_____
_____
_____
_____
_____
_____
_____

Aplicación: ¿Como se aplica a mi vida?

_____
_____
_____
_____
_____
_____
_____

Oración: Pida a Dios que le ayude a aplicar lo que ha aprendido en el estudio y compartirlo con otros.

_____
_____
_____
_____
_____
_____
_____
_____

L m mi J V S D Fecha:_____

Tema:_____

Versiculo clave:

_____
_____
_____
_____
_____
_____
_____

Palabras nuevas - Significado

_____
_____
_____
_____
_____
_____
_____
_____

Observación: ¿Que es lo que el pasaje dice?

_____
_____
_____
_____
_____
_____
_____

Interpretación: ¿Que significa este pasaje?

Aplicación: ¿Como se aplica a mi vida?

Oración: Pida a Dios que le ayude a aplicar lo que ha aprendido en el estudio y compartirlo con otros.

L m mi J v s D Fecha: _____

Tema: _____

Versiculo clave:

_____
_____
_____
_____
_____
_____
_____

Palabras nuevas - Significado

_____
_____
_____
_____
_____
_____
_____

Observación: ¿Que es lo que el pasaje dice?

_____
_____
_____
_____
_____
_____
_____

Interpretación: ¿Que significa este pasaje?

Aplicación: ¿Como se aplica a mi vida?

Oración: Pida a Dios que le ayude a aplicar lo que ha aprendido en el estudio y compartirlo con otros.

L m mi J V S D   Fecha:_____

Tema:_____

Versículo clave:
_____
_____
_____
_____
_____
_____
_____

Palabras nuevas - Significado
_____
_____
_____
_____
_____
_____
_____

Observación: ¿Que es lo que el pasaje dice?
_____
_____
_____
_____
_____
_____

Interpretación: ¿Que significa este pasaje?

_____
_____
_____
_____
_____
_____
_____
_____

Aplicación: ¿Como se aplica a mi vida?

_____
_____
_____
_____
_____
_____
_____

Oración: Pida a Dios que le ayude a aplicar lo que ha aprendido en el estudio y compartirlo con otros.

_____
_____
_____
_____
_____
_____
_____

L M Mi J V S D Fecha: _____

Tema: _____

Versiculo clave:

_____
_____
_____
_____
_____
_____
_____

Palabras nuevas - Significado

_____
_____
_____
_____
_____
_____
_____

Observación: ¿Que es lo que el pasaje dice?

_____
_____
_____
_____
_____
_____
_____

Interpretación: ¿Que significa este pasaje?

_____
_____
_____
_____
_____
_____
_____

Aplicación: ¿Como se aplica a mi vida?

_____
_____
_____
_____
_____
_____
_____

Oración: Pida a Dios que le ayude a aplicar lo que ha aprendido en el estudio y compartirlo con otros.

_____
_____
_____
_____
_____
_____
_____
_____

L M Mi J V S D Fecha: _____

Tema: _____

Versiculo clave:

_____
_____
_____
_____
_____
_____
_____

Palabras nuevas - Significado

_____
_____
_____
_____
_____
_____

Observación: ¿Que es lo que el pasaje dice?

_____
_____
_____
_____
_____
_____
_____

Interpretación: ¿Que significa este pasaje?

Aplicación: ¿Como se aplica a mi vida?

Oración: Pida a Dios que le ayude a aplicar lo que ha aprendido en el estudio y compartirlo con otros.

L M Mi J V S D   Fecha:_____

Tema:_____

Versículo clave:

_____
_____
_____
_____
_____
_____
_____

Palabras nuevas - Significado

_____
_____
_____
_____
_____
_____

Observación: ¿Que es lo que el pasaje dice?

_____
_____
_____
_____
_____
_____
_____

Interpretación: ¿Que significa este pasaje?

_____
_____
_____
_____
_____
_____
_____

Aplicación: ¿Como se aplica a mi vida?

_____
_____
_____
_____
_____
_____

Oración: Pida a Dios que le ayude a aplicar lo que ha aprendido en el estudio y compartirlo con otros.

_____
_____
_____
_____
_____
_____
_____

L M Mi J V S D   Fecha:_____

Tema:_____

Versiculo clave:

_____
_____
_____
_____
_____
_____
_____

Palabras nuevas - Significado

_____
_____
_____
_____
_____
_____
_____

Observación: ¿Que es lo que el pasaje dice?

_____
_____
_____
_____
_____
_____
_____

Interpretación: ¿Que significa este pasaje?

Aplicación: ¿Como se aplica a mi vida?

Oración: Pida a Dios que le ayude a aplicar lo que ha aprendido en el estudio y compartirlo con otros.

L m mi J v s D Fecha:_____

Tema:_____

Versiculo clave:

_____
_____
_____
_____
_____
_____

Palabras nuevas - Significado

_____
_____
_____
_____
_____
_____

Observación: ¿Que es lo que el pasaje dice?

_____
_____
_____
_____
_____
_____
_____

Interpretación: ¿Que significa este pasaje?

_____
_____
_____
_____
_____
_____
_____
_____

Aplicación: ¿Como se aplica a mi vida?

_____
_____
_____
_____
_____
_____
_____

Oración: Pida a Dios que le ayude a aplicar lo que ha aprendido en el estudio y compartirlo con otros.

_____
_____
_____
_____
_____
_____
_____
_____

L M Mi J V S D   Fecha:_____

Tema:_____

Versículo clave:

_____
_____
_____
_____
_____
_____
_____
_____

Palabras nuevas - Significado

_____
_____
_____
_____
_____
_____
_____
_____
_____

Observación: ¿Que es lo que el pasaje dice?

_____
_____
_____
_____
_____
_____
_____
_____

Interpretación: ¿Que significa este pasaje?

Aplicación: ¿Como se aplica a mi vida?

Oración: Pida a Dios que le ayude a aplicar lo que ha aprendido en el estudio y compartirlo con otros.

L M Mi J V S D   Fecha:_____

Tema:_____

Versiculo clave:

_____
_____
_____
_____
_____
_____

Palabras nuevas - Significado

_____
_____
_____
_____
_____
_____

Observación: ¿Que es lo que el pasaje dice?

_____
_____
_____
_____
_____
_____

Interpretación: ¿Que significa este pasaje?

_____
_____
_____
_____
_____
_____
_____

Aplicación: ¿Como se aplica a mi vida?

_____
_____
_____
_____
_____
_____

Oración: Pida a Dios que le ayude a aplicar lo que ha aprendido en el estudio y compartirlo con otros.

_____
_____
_____
_____
_____
_____
_____

L M Mi J V S D   Fecha:_____

Tema:_____

Versiculo clave:

_____
_____
_____
_____
_____
_____
_____

Palabras nuevas - Significado

_____
_____
_____
_____
_____
_____

Observación: ¿Que es lo que el pasaje dice?

_____
_____
_____
_____
_____
_____
_____

Interpretación: ¿Qué significa este pasaje?

_____

_____

_____

_____

_____

_____

_____

_____

Aplicación: ¿Como se aplica a mi vida?

_____

_____

_____

_____

_____

_____

Oración: Pida a Dios que le ayude a aplicar lo que ha aprendido en el estudio y compartirlo con otros.

_____

_____

_____

_____

_____

_____

_____

L M Mi J V S D Fecha:_____

Tema:_____

Versículo clave:

_____
_____
_____
_____
_____
_____
_____
_____

Palabras nuevas - Significado

_____
_____
_____
_____
_____
_____

Observación: ¿Que es lo que el pasaje dice?

_____
_____
_____
_____
_____
_____
_____

Interpretación: ¿Que significa este pasaje?

Aplicación: ¿Como se aplica a mi vida?

Oración: Pida a Dios que le ayude a aplicar lo que ha aprendido en el estudio y compartirlo con otros.

L M Mi J V S D   Fecha:_____

Tema:_____

Versículo clave:

_____
_____
_____
_____
_____
_____
_____

Palabras nuevas - Significado

_____
_____
_____
_____
_____
_____
_____

Observación: ¿Que es lo que el pasaje dice?

_____
_____
_____
_____
_____
_____
_____

Interpretación: ¿Que significa este pasaje?

_____
_____
_____
_____
_____
_____
_____
_____

Aplicación: ¿Como se aplica a mi vida?

_____
_____
_____
_____
_____
_____
_____
_____

Oración: Pida a Dios que le ayude a aplicar lo que ha aprendido en el estudio y compartirlo con otros.

_____
_____
_____
_____
_____
_____
_____
_____

L M Mi J V S D   Fecha: _____

Tema: _____

Versiculo clave:

_____
_____
_____
_____
_____
_____
_____

Palabras nuevas - Significado

_____
_____
_____
_____
_____
_____
_____

Observación: ¿Que es lo que el pasaje dice?

_____
_____
_____
_____
_____
_____
_____

Interpretación: ¿Que significa este pasaje?

Aplicación: ¿Como se aplica a mi vida?

Oración: Pida a Dios que le ayude a aplicar lo que ha aprendido en el estudio y compartirlo con otros.

L M Mi J V S D   Fecha:_____

Tema:_____

Versículo clave:

_____
_____
_____
_____
_____
_____
_____

Palabras nuevas - Significado

_____
_____
_____
_____
_____
_____
_____

Observación: ¿Que es lo que el pasaje dice?

_____
_____
_____
_____
_____
_____
_____
_____

Interpretación: ¿Que significa este pasaje?

_____
_____
_____
_____
_____
_____
_____
_____

Aplicación: ¿Como se aplica a mi vida?

_____
_____
_____
_____
_____
_____
_____

Oración: Pida a Dios que le ayude a aplicar lo que ha aprendido en el estudio y compartirlo con otros.

_____
_____
_____
_____
_____
_____
_____
_____

Números

L M Mi J V S D   Fecha: _____

Tema: _____

Versiculo clave:

_____
_____
_____
_____
_____
_____
_____

Palabras nuevas - Significado

_____
_____
_____
_____
_____
_____

Observación: ¿Que es lo que el pasaje dice?

_____
_____
_____
_____
_____
_____
_____
_____

Interpretación: ¿Que significa este pasaje?

_____
_____
_____
_____
_____
_____
_____

Aplicación: ¿Como se aplica a mi vida?

_____
_____
_____
_____
_____
_____

Oración: Pida a Dios que le ayude a aplicar lo que ha aprendido en el estudio y compartirlo con otros.

_____
_____
_____
_____
_____
_____
_____
_____

L m mi J v S D   Fecha:_____

Tema:_____

Versiculo clave:

_____
_____
_____
_____
_____
_____
_____

Palabras nuevas - Significado

_____
_____
_____
_____
_____
_____
_____

Observación: ¿Que es lo que el pasaje dice?

_____
_____
_____
_____
_____
_____
_____

Interpretación: ¿Que significa este pasaje?

_____
_____
_____
_____
_____
_____
_____
_____

Aplicación: ¿Como se aplica a mi vida?

_____
_____
_____
_____
_____
_____
_____

Oración: Pida a Dios que le ayude a aplicar lo que ha aprendido en el estudio y compartirlo con otros.

_____
_____
_____
_____
_____
_____
_____

L M Mi J V S D Fecha:_____

Tema:_____

Versiculo clave:

_____
_____
_____
_____
_____
_____
_____

Palabras nuevas - Significado

_____
_____
_____
_____
_____
_____

Observación: ¿Que es lo que el pasaje dice?

_____
_____
_____
_____
_____
_____

Interpretación: ¿Que significa este pasaje?

_____
_____
_____
_____
_____
_____
_____

Aplicación: ¿Como se aplica a mi vida?

_____
_____
_____
_____
_____
_____
_____
_____
_____

Oración: Pida a Dios que le ayude a aplicar lo que ha aprendido en el estudio y compartirlo con otros.

_____
_____
_____
_____
_____
_____
_____
_____

L M Mi J V S D   Fecha:_____

Tema:_____

Versículo clave:

_____
_____
_____
_____
_____
_____

Palabras nuevas - Significado

_____
_____
_____
_____
_____

Observación: ¿Que es lo que el pasaje dice?

_____
_____
_____
_____
_____
_____

Interpretación: ¿Que significa este pasaje?

_____
_____
_____
_____
_____
_____
_____
_____

Aplicación: ¿Como se aplica a mi vida?

_____
_____
_____
_____
_____
_____

Oración: Pida a Dios que le ayude a aplicar lo que ha aprendido en el estudio y compartirlo con otros.

_____
_____
_____
_____
_____
_____
_____
_____
_____

L M Mi J V S D   Fecha: _____

Tema: _____

Versículo clave:

_____
_____
_____
_____
_____
_____
_____

Palabras nuevas - Significado

_____
_____
_____
_____
_____
_____
_____

Observación: ¿Que es lo que el pasaje dice?

_____
_____
_____
_____
_____
_____
_____

Interpretación: ¿Que significa este pasaje?

_____
_____
_____
_____
_____
_____
_____

Aplicación: ¿Como se aplica a mi vida?

_____
_____
_____
_____
_____
_____

Oración: Pida a Dios que le ayude a aplicar lo que ha aprendido en el estudio y compartirlo con otros.

_____
_____
_____
_____
_____
_____
_____
_____

L M Mi J V S D Fecha: _____

Tema: _____

Versiculo clave:

_____
_____
_____
_____
_____
_____
_____

Palabras nuevas - Significado

_____
_____
_____
_____
_____
_____
_____
_____

Observación: ¿Que es lo que el pasaje dice?

_____
_____
_____
_____
_____
_____
_____
_____

Interpretación: ¿Que significa este pasaje?

_____
_____
_____
_____
_____
_____
_____
_____

Aplicación: ¿Como se aplica a mi vida?

_____
_____
_____
_____
_____
_____
_____

Oración: Pida a Dios que le ayude a aplicar lo que ha aprendido en el estudio y compartirlo con otros.

_____
_____
_____
_____
_____
_____
_____
_____

L M Mi J V S D   Fecha:_____

Tema:_____

Versiculo clave:

_____
_____
_____
_____
_____
_____
_____

Palabras nuevas - Significado

_____
_____
_____
_____
_____
_____

Observación: ¿Que es lo que el pasaje dice?

_____
_____
_____
_____
_____
_____
_____

Interpretación: ¿Que significa este pasaje?

_____
_____
_____
_____
_____
_____
_____

Aplicación: ¿Como se aplica a mi vida?

_____
_____
_____
_____
_____
_____
_____

Oración: Pida a Dios que le ayude a aplicar lo que ha aprendido en el estudio y compartirlo con otros.

_____
_____
_____
_____
_____
_____
_____
_____

L M Mi J V S D Fecha:_____

Tema:_____

Versiculo clave:

_____

_____

_____

_____

_____

_____

_____

Palabras nuevas - Significado

_____

_____

_____

_____

_____

_____

Observación: ¿Que es lo que el pasaje dice?

_____

_____

_____

_____

_____

_____

_____

Interpretación: ¿Que significa este pasaje?

Aplicación: ¿Como se aplica a mi vida?

Oración: Pida a Dios que le ayude a aplicar lo que ha aprendido en el estudio y compartirlo con otros.

L M Mi J V S D Fecha:_____

Tema:_____

Versículo clave:

_____
_____
_____
_____
_____
_____

Palabras nuevas - Significado

_____
_____
_____
_____
_____
_____

Observación: ¿Que es lo que el pasaje dice?

_____
_____
_____
_____
_____
_____

Interpretación: ¿Que significa este pasaje?

_____
_____
_____
_____
_____
_____
_____
_____

Aplicación: ¿Como se aplica a mi vida?

_____
_____
_____
_____
_____
_____

Oración: Pida a Dios que le ayude a aplicar lo que ha aprendido en el estudio y compartirlo con otros.

_____
_____
_____
_____
_____
_____
_____
_____
_____

L m mi J v s D   Fecha: _____

Tema: _____

Versículo clave:

_____
_____
_____
_____
_____
_____
_____

Palabras nuevas - Significado

_____
_____
_____
_____
_____
_____
_____

Observación: ¿Que es lo que el pasaje dice?

_____
_____
_____
_____
_____
_____
_____

Interpretación: ¿Que significa este pasaje?

_____
_____
_____
_____
_____
_____
_____
_____
_____

Aplicación: ¿Como se aplica a mi vida?

_____
_____
_____
_____
_____
_____
_____

Oración: Pida a Dios que le ayude a aplicar lo que ha aprendido en el estudio y compartirlo con otros.

_____
_____
_____
_____
_____
_____
_____

L m mi J v s D   Fecha:_____

Tema:_____

Versiculo clave:

_____
_____
_____
_____
_____
_____

Palabras nuevas - Significado

_____
_____
_____
_____
_____
_____
_____

Observación: ¿Que es lo que el pasaje dice?

_____
_____
_____
_____
_____
_____
_____
_____

Interpretación: ¿Que significa este pasaje?

_____
_____
_____
_____
_____
_____
_____
_____
_____

Aplicación: ¿Como se aplica a mi vida?

_____
_____
_____
_____
_____
_____
_____
_____

Oración: Pida a Dios que le ayude a aplicar lo que ha aprendido en el estudio y compartirlo con otros.

_____
_____
_____
_____
_____
_____
_____
_____
_____

L M Mi J V S D Fecha:_____

Tema:_____

Versiculo clave:

_____
_____
_____
_____
_____
_____
_____

Palabras nuevas - Significado

_____
_____
_____
_____
_____
_____
_____

Observación: ¿Que es lo que el pasaje dice?

_____
_____
_____
_____
_____
_____
_____

Interpretación: ¿Que significa este pasaje?

_____
_____
_____
_____
_____
_____
_____
_____

Aplicación: ¿Como se aplica a mi vida?

_____
_____
_____
_____
_____
_____
_____

Oración: Pida a Dios que le ayude a aplicar lo que ha aprendido en el estudio y compartirlo con otros.

_____
_____
_____
_____
_____
_____
_____
_____
_____

L m mi J v s D Fecha: _____

Tema: _____

Versiculo clave:

_____
_____
_____
_____
_____
_____
_____

Palabras nuevas - Significado

_____
_____
_____
_____
_____
_____

Observación: ¿Que es lo que el pasaje dice?

_____
_____
_____
_____
_____
_____
_____

Interpretación: ¿Que significa este pasaje?

_____
_____
_____
_____
_____
_____
_____
_____

Aplicación: ¿Como se aplica a mi vida?

_____
_____
_____
_____
_____
_____

Oración: Pida a Dios que le ayude a aplicar lo que ha aprendido en el estudio y compartirlo con otros.

_____
_____
_____
_____
_____
_____
_____

L M Mi J V S D   Fecha: _____

Tema: _____

Versiculo clave:

_____
_____
_____
_____
_____
_____
_____

Palabras nuevas - Significado

_____
_____
_____
_____
_____
_____
_____
_____

Observación: ¿Que es lo que el pasaje dice?

_____
_____
_____
_____
_____
_____
_____

Interpretación: ¿Qué significa este pasaje?

Aplicación: ¿Cómo se aplica a mi vida?

Oración: Pida a Dios que le ayude a aplicar lo que ha aprendido en el estudio y compartirlo con otros.

L M Mi J V S D   Fecha:_____

Tema:_____

Versiculo clave:

_____
_____
_____
_____
_____
_____
_____

Palabras nuevas - Significado

_____
_____
_____
_____
_____
_____

Observación: ¿Que es lo que el pasaje dice?

_____
_____
_____
_____
_____
_____
_____

Interpretación: ¿Que significa este pasaje?

Aplicación: ¿Como se aplica a mi vida?

Oración: Pida a Dios que le ayude a aplicar lo que ha aprendido en el estudio y compartirlo con otros.

L M Mi J V S D   Fecha:_____

Tema:_____

Versiculo clave:

_____
_____
_____
_____
_____
_____
_____

Palabras nuevas - Significado

_____
_____
_____
_____
_____
_____
_____
_____

Observación: ¿Que es lo que el pasaje dice?

_____
_____
_____
_____
_____
_____
_____

Interpretación: ¿Que significa este pasaje?

_____

_____

_____

_____

_____

_____

_____

_____

_____

Aplicación: ¿Como se aplica a mi vida?

_____

_____

_____

_____

_____

_____

_____

Oración: Pida a Dios que le ayude a aplicar lo que ha aprendido en el estudio y compartirlo con otros.

_____

_____

_____

_____

_____

_____

_____

L m mi J v S D   Fecha: _____

Tema: _____

Versiculo clave:

_____
_____
_____
_____
_____
_____
_____

Palabras nuevas - Significado

_____
_____
_____
_____
_____
_____

Observación: ¿Que es lo que el pasaje dice?

_____
_____
_____
_____
_____
_____
_____

Interpretación: ¿Que significa este pasaje?

Aplicación: ¿Como se aplica a mi vida?

Oración: Pida a Dios que le ayude a aplicar lo que ha aprendido en el estudio y compartirlo con otros.

L m mi J V S D   Fecha:_____

Tema:_____

Versículo clave:

_____
_____
_____
_____
_____
_____
_____

Palabras nuevas - Significado

_____
_____
_____
_____
_____
_____

Observación: ¿Que es lo que el pasaje dice?

_____
_____
_____
_____
_____
_____

Interpretación: ¿Que significa este pasaje?

_____
_____
_____
_____
_____
_____
_____

Aplicación: ¿Como se aplica a mi vida?

_____
_____
_____
_____
_____
_____
_____

Oración: Pida a Dios que le ayude a aplicar lo que ha aprendido en el estudio y compartirlo con otros.

_____
_____
_____
_____
_____
_____
_____

L M Mi J V S D Fecha:_____

Tema:_____

Versiculo clave:

_____
_____
_____
_____
_____

Palabras nuevas - Significado

_____
_____
_____
_____
_____

Observación: ¿Que es lo que el pasaje dice?

_____
_____
_____
_____
_____
_____

Interpretación: ¿Que significa este pasaje?

_____
_____
_____
_____
_____
_____
_____
_____

Aplicación: ¿Como se aplica a mi vida?

_____
_____
_____
_____
_____
_____

Oración: Pida a Dios que le ayude a aplicar lo que ha aprendido en el estudio y compartirlo con otros.

_____
_____
_____
_____
_____
_____
_____
_____

L m mi J v S D   Fecha:_____

Tema:_____

Versículo clave:

_____
_____
_____
_____
_____
_____
_____
_____

Palabras nuevas - Significado

_____
_____
_____
_____
_____
_____
_____
_____

Observación: ¿Que es lo que el pasaje dice?

_____
_____
_____
_____
_____
_____
_____

Interpretación: ¿Que significa este pasaje?

Aplicación: ¿Como se aplica a mi vida?

Oración: Pida a Dios que le ayude a aplicar lo que ha aprendido en el estudio y compartirlo con otros.

L M Mi J V S D   Fecha:_____

Tema:_____

Versiculo clave:

_____
_____
_____
_____
_____
_____
_____

Palabras nuevas - Significado

_____
_____
_____
_____
_____
_____

Observación: ¿Que es lo que el pasaje dice?

_____
_____
_____
_____
_____
_____

Interpretación: ¿Que significa este pasaje?

_____
_____
_____
_____
_____
_____
_____
_____

Aplicación: ¿Como se aplica a mi vida?

_____
_____
_____
_____
_____
_____
_____

Oración: Pida a Dios que le ayude a aplicar lo que ha aprendido en el estudio y compartirlo con otros.

_____
_____
_____
_____
_____
_____
_____
_____
_____

L M Mi J V S D Fecha: _____

Tema: _____

Versiculo clave:

_____
_____
_____
_____
_____
_____

Palabras nuevas - Significado

_____
_____
_____
_____
_____
_____

Observación: ¿Que es lo que el pasaje dice?

_____
_____
_____
_____
_____
_____
_____

Interpretación: ¿Que significa este pasaje?

Aplicación: ¿Como se aplica a mi vida?

Oración: Pida a Dios que le ayude a aplicar lo que ha aprendido en el estudio y compartirlo con otros.

L M Mi J V S D   Fecha: _____

Tema: _____

Versiculo clave:

_____
_____
_____
_____
_____
_____

Palabras nuevas - Significado

_____
_____
_____
_____
_____
_____
_____

Observación: ¿Que es lo que el pasaje dice?

_____
_____
_____
_____
_____
_____

Interpretación: ¿Que significa este pasaje?

_____
_____
_____
_____
_____
_____
_____
_____

Aplicación: ¿Como se aplica a mi vida?

_____
_____
_____
_____
_____
_____
_____

Oración: Pida a Dios que le ayude a aplicar lo que ha aprendido en el estudio y compartirlo con otros.

_____
_____
_____
_____
_____
_____
_____
_____
_____
_____
_____

L M Mi J V S D Fecha: _____

Tema: _____

Versículo clave:

_____
_____
_____
_____
_____
_____
_____

Palabras nuevas - Significado

_____
_____
_____
_____
_____
_____

Observación: ¿Que es lo que el pasaje dice?

_____
_____
_____
_____
_____
_____
_____

Interpretación: ¿Que significa este pasaje?

Aplicación: ¿Como se aplica a mi vida?

Oración: Pida a Dios que le ayude a aplicar lo que ha aprendido en el estudio y compartirlo con otros.

L M Mi J V S D   Fecha:_____

Tema:_____

Versículo clave:

_____
_____
_____
_____
_____
_____
_____
_____

Palabras nuevas - Significado

_____
_____
_____
_____
_____
_____
_____

Observación: ¿Que es lo que el pasaje dice?

_____
_____
_____
_____
_____
_____
_____

Interpretación: ¿Que significa este pasaje?

_____
_____
_____
_____
_____
_____
_____
_____

Aplicación: ¿Como se aplica a mi vida?

_____
_____
_____
_____
_____
_____
_____
_____

Oración: Pida a Dios que le ayude a aplicar lo que ha aprendido en el estudio y compartirlo con otros.

_____
_____
_____
_____
_____
_____
_____

L M Mi J V S D Fecha: _____

Tema: _____

Versículo clave:

_____
_____
_____
_____
_____
_____
_____

Palabras nuevas - Significado

_____
_____
_____
_____
_____
_____
_____

Observación: ¿Que es lo que el pasaje dice?

_____
_____
_____
_____
_____
_____
_____

Interpretación: ¿Que significa este pasaje?

Aplicación: ¿Como se aplica a mi vida?

Oración: Pida a Dios que le ayude a aplicar lo que ha aprendido en el estudio y compartirlo con otros.

L M Mi J V S D   Fecha: _____

Tema: _____

Versículo clave:

_____
_____
_____
_____
_____
_____
_____
_____

Palabras nuevas - Significado

_____
_____
_____
_____
_____
_____
_____

Observación: ¿Que es lo que el pasaje dice?

_____
_____
_____
_____
_____
_____
_____

Interpretación: ¿Que significa este pasaje?

Aplicación: ¿Como se aplica a mi vida?

Oración: Pida a Dios que le ayude a aplicar lo que ha aprendido en el estudio y compartirlo con otros.

L M Mi J V S D   Fecha:_____

Tema:_____

Versiculo clave:

_____
_____
_____
_____
_____
_____
_____

Palabras nuevas - Significado

_____
_____
_____
_____
_____
_____

Observación: ¿Que es lo que el pasaje dice?

_____
_____
_____
_____
_____
_____
_____

Interpretación: ¿Que significa este pasaje?

_____
_____
_____
_____
_____
_____
_____
_____

Aplicación: ¿Como se aplica a mi vida?

_____
_____
_____
_____
_____
_____
_____

Oración: Pida a Dios que le ayude a aplicar lo que ha aprendido en el estudio y compartirlo con otros.

_____
_____
_____
_____
_____
_____
_____
_____

L M Mi J V S D Fecha:_____

Tema:_____

Versiculo clave:

_____
_____
_____
_____
_____
_____
_____

Palabras nuevas - Significado

_____
_____
_____
_____
_____
_____
_____

Observación: ¿Que es lo que el pasaje dice?

_____
_____
_____
_____
_____
_____
_____

Interpretación: ¿Que significa este pasaje?

_____
_____
_____
_____
_____
_____
_____

Aplicación: ¿Como se aplica a mi vida?

_____
_____
_____
_____
_____
_____
_____

Oración: Pida a Dios que le ayude a aplicar lo que ha aprendido en el estudio y compartirlo con otros.

_____
_____
_____
_____
_____
_____
_____
_____
_____

L m mi J V S D Fecha:_____

Tema:_____

Versiculo clave:

_____
_____
_____
_____
_____
_____

Palabras nuevas - Significado

_____
_____
_____
_____
_____
_____
_____

Observación: ¿Que es lo que el pasaje dice?

_____
_____
_____
_____
_____
_____

Interpretación: ¿Que significa este pasaje?

_____
_____
_____
_____
_____
_____
_____
_____

Aplicación: ¿Como se aplica a mi vida?

_____
_____
_____
_____
_____
_____
_____

Oración: Pida a Dios que le ayude a aplicar lo que ha aprendido en el estudio y compartirlo con otros.

_____
_____
_____
_____
_____
_____
_____
_____

L M Mi J V S D   Fecha:_____

Tema:_____

Versiculo clave:

_____
_____
_____
_____
_____
_____
_____

Palabras nuevas - Significado

_____
_____
_____
_____
_____
_____
_____
_____
_____

Observación: ¿Que es lo que el pasaje dice?

_____
_____
_____
_____
_____
_____
_____

Interpretación: ¿Que significa este pasaje?

_____
_____
_____
_____
_____
_____
_____
_____
_____

Aplicación: ¿Como se aplica a mi vida?

_____
_____
_____
_____
_____
_____
_____

Oración: Pida a Dios que le ayude a aplicar lo que ha aprendido en el estudio y compartirlo con otros.

_____
_____
_____
_____
_____
_____
_____
_____
_____
_____
_____

L M Mi J V S D   Fecha:_____

Tema:_____

Versículo clave:

_____
_____
_____
_____
_____
_____
_____

Palabras nuevas - Significado

_____
_____
_____
_____
_____
_____

Observación: ¿Que es lo que el pasaje dice?

_____
_____
_____
_____
_____
_____
_____
_____

Interpretación: ¿Que significa este pasaje?

_____
_____
_____
_____
_____
_____
_____
_____

Aplicación: ¿Como se aplica a mi vida?

_____
_____
_____
_____
_____
_____

Oración: Pida a Dios que le ayude a aplicar lo que ha aprendido en el estudio y compartirlo con otros.

_____
_____
_____
_____
_____
_____
_____
_____

L M Mi J V S D   Fecha:_____

Tema:_____

Versiculo clave:

_____
_____
_____
_____
_____
_____
_____

Palabras nuevas - Significado

_____
_____
_____
_____
_____
_____

Observación: ¿Que es lo que el pasaje dice?

_____
_____
_____
_____
_____
_____

Interpretación: ¿Que significa este pasaje?

Aplicación: ¿Como se aplica a mi vida?

Oración: Pida a Dios que le ayude a aplicar lo que ha aprendido en el estudio y compartirlo con otros.

Deuteronomio

L m mi J v S D Fecha: _____

Tema: _____

Versiculo clave:

_____
_____
_____
_____
_____
_____
_____
_____

Palabras nuevas - Significado

_____
_____
_____
_____
_____
_____
_____
_____

Observación: ¿Que es lo que el pasaje dice?

_____
_____
_____
_____
_____
_____
_____
_____

Interpretación: ¿Que significa este pasaje?

Aplicación: ¿Como se aplica a mi vida?

Oración: Pida a Dios que le ayude a aplicar lo que ha aprendido en el estudio y compartirlo con otros.

L M Mi J V S D   Fecha:_____

Tema:_____

Versiculo clave:

_____
_____
_____
_____
_____
_____

Palabras nuevas - Significado

_____
_____
_____
_____
_____
_____

Observación: ¿Que es lo que el pasaje dice?

_____
_____
_____
_____
_____
_____
_____

Interpretación: ¿Que significa este pasaje?

_____
_____
_____
_____
_____
_____
_____
_____

Aplicación: ¿Como se aplica a mi vida?

_____
_____
_____
_____
_____
_____
_____

Oración: Pida a Dios que le ayude a aplicar lo que ha aprendido en el estudio y compartirlo con otros.

_____
_____
_____
_____
_____
_____
_____
_____

L M Mi J V S D   Fecha:_____

Tema:_____

Versiculo clave:

_____
_____
_____
_____
_____
_____
_____

Palabras nuevas - Significado

_____
_____
_____
_____
_____
_____
_____

Observación: ¿Que es lo que el pasaje dice?

_____
_____
_____
_____
_____
_____
_____

Interpretación: ¿Que significa este pasaje?

_____
_____
_____
_____
_____
_____
_____
_____
_____

Aplicación: ¿Como se aplica a mi vida?

_____
_____
_____
_____
_____
_____
_____

Oración: Pida a Dios que le ayude a aplicar lo que ha aprendido en el estudio y compartirlo con otros.

_____
_____
_____
_____
_____
_____
_____
_____
_____
_____

L m mi J V S D Fecha:_____

Tema:_____

Versiculo clave:

Palabras nuevas - Significado

Observación: ¿Que es lo que el pasaje dice?

Interpretación: ¿Que significa este pasaje?

_____
_____
_____
_____
_____
_____
_____

Aplicación: ¿Como se aplica a mi vida?

_____
_____
_____
_____
_____
_____

Oración: Pida a Dios que le ayude a aplicar lo que ha aprendido en el estudio y compartirlo con otros.

_____
_____
_____
_____
_____
_____
_____

Deuteronomio 5

L M Mi J V S D Fecha:_____

Tema:_____

Versiculo clave:

_____
_____
_____
_____
_____
_____
_____

Palabras nuevas - Significado

_____
_____
_____
_____
_____
_____

Observación: ¿Que es lo que el pasaje dice?

_____
_____
_____
_____
_____

Interpretación: ¿Que significa este pasaje?

_____
_____
_____
_____
_____
_____
_____

Aplicación: ¿Como se aplica a mi vida?

_____
_____
_____
_____
_____
_____

Oración: Pida a Dios que le ayude a aplicar lo que ha aprendido en el estudio y compartirlo con otros.

_____
_____
_____
_____
_____
_____
_____
_____
_____

Deuteronomio 6

L M Mi J V S D Fecha:_____

Tema:_____

Versiculo clave:

_____

Palabras nuevas - Significado

_____

Observación: ¿Que es lo que el pasaje dice?

_____

Interpretación: ¿Que significa este pasaje?

_____
_____
_____
_____
_____
_____
_____
_____

Aplicación: ¿Como se aplica a mi vida?

_____
_____
_____
_____
_____
_____

Oración: Pida a Dios que le ayude a aplicar lo que ha aprendido en el estudio y compartirlo con otros.

_____
_____
_____
_____
_____
_____
_____

L M Mi J V S D   Fecha: _____

Tema: _____

Versiculo clave:

_____
_____
_____
_____
_____
_____
_____

Palabras nuevas - Significado

_____
_____
_____
_____
_____
_____
_____

Observación: ¿Que es lo que el pasaje dice?

_____
_____
_____
_____
_____
_____

Interpretación: ¿Que significa este pasaje?

Aplicación: ¿Como se aplica a mi vida?

Oración: Pida a Dios que le ayude a aplicar lo que ha aprendido en el estudio y compartirlo con otros.

Deuteronomio 9

L M Mi J V S D   Fecha: _____

Tema: _____

Versiculo clave:

_____
_____
_____
_____
_____
_____

Palabras nuevas - Significado

_____
_____
_____
_____
_____

Observación: ¿Que es lo que el pasaje dice?

_____
_____
_____
_____
_____
_____

Interpretación: ¿Que significa este pasaje?

Aplicación: ¿Como se aplica a mi vida?

Oración: Pida a Dios que le ayude a aplicar lo que ha aprendido en el estudio y compartirlo con otros.

L m mi J v s D Fecha: _____

Tema: _____

Versiculo clave:

_____
_____
_____
_____
_____
_____
_____

Palabras nuevas - Significado

_____
_____
_____
_____
_____
_____
_____
_____

Observación: ¿Que es lo que el pasaje dice?

_____
_____
_____
_____
_____
_____
_____
_____

Interpretación: ¿Que significa este pasaje?

Aplicación: ¿Como se aplica a mi vida?

Oración: Pida a Dios que le ayude a aplicar lo que ha aprendido en el estudio y compartirlo con otros.

L M Mi J V S D | Fecha: _____

Tema: _____

Versiculo clave:

_____
_____
_____
_____
_____
_____
_____

Palabras nuevas - Significado

_____
_____
_____
_____
_____
_____

Observación: ¿Que es lo que el pasaje dice?

_____
_____
_____
_____
_____
_____
_____

Interpretación: ¿Que significa este pasaje?

Aplicación: ¿Como se aplica a mi vida?

Oración: Pida a Dios que le ayude a aplicar lo que ha aprendido en el estudio y compartirlo con otros.

L M Mi J V S D   Fecha:_____

Tema:_____

Versiculo clave:

_____
_____
_____
_____
_____
_____
_____

Palabras nuevas - Significado

_____
_____
_____
_____
_____
_____
_____
_____

Observación: ¿Que es lo que el pasaje dice?

_____
_____
_____
_____
_____
_____
_____

Interpretación: ¿Que significa este pasaje?

_____
_____
_____
_____
_____
_____
_____

Aplicación: ¿Como se aplica a mi vida?

_____
_____
_____
_____
_____
_____
_____

Oración: Pida a Dios que le ayude a aplicar lo que ha aprendido en el estudio y compartirlo con otros.

_____
_____
_____
_____
_____
_____
_____

L M Mi J V S D Fecha:_____

Tema:_____

Versiculo clave:

_____

_____

_____

_____

_____

_____

_____

Palabras nuevas - Significado

_____

_____

_____

_____

_____

_____

Observación: ¿Que es lo que el pasaje dice?

_____

_____

_____

_____

_____

_____

Interpretación: ¿Que significa este pasaje?

_____
_____
_____
_____
_____
_____
_____
_____

Aplicación: ¿Como se aplica a mi vida?

_____
_____
_____
_____
_____
_____

Oración: Pida a Dios que le ayude a aplicar lo que ha aprendido en el estudio y compartirlo con otros.

_____
_____
_____
_____
_____
_____
_____
_____
_____

L m mi J v S D   Fecha:_____

Tema:_____

Versiculo clave:

_____
_____
_____
_____
_____
_____
_____

Palabras nuevas - Significado

_____
_____
_____
_____
_____
_____

Observación: ¿Que es lo que el pasaje dice?

_____
_____
_____
_____
_____
_____
_____
_____

Interpretación: ¿Que significa este pasaje?

Aplicación: ¿Como se aplica a mi vida?

Oración: Pida a Dios que le ayude a aplicar lo que ha aprendido en el estudio y compartirlo con otros.

L M Mi J V S D   Fecha:_____

Tema:_____

Versiculo clave:

_____
_____
_____
_____
_____
_____
_____

Palabras nuevas - Significado

_____
_____
_____
_____
_____
_____

Observación: ¿Que es lo que el pasaje dice?

_____
_____
_____
_____
_____
_____
_____

Interpretación: ¿Que significa este pasaje?

_____
_____
_____
_____
_____
_____
_____
_____

Aplicación: ¿Como se aplica a mi vida?

_____
_____
_____
_____
_____
_____

Oración: Pida a Dios que le ayude a aplicar lo que ha aprendido en el estudio y compartirlo con otros.

_____
_____
_____
_____
_____
_____
_____
_____
_____

L M Mi J V S D   Fecha: _____

Tema: _____

Versiculo clave:

_____
_____
_____
_____
_____
_____
_____

Palabras nuevas - Significado

_____
_____
_____
_____
_____
_____

Observación: ¿Que es lo que el pasaje dice?

_____
_____
_____
_____
_____
_____
_____
_____

Interpretación: ¿Qué significa este pasaje?

Aplicación: ¿Cómo se aplica a mi vida?

Oración: Pida a Dios que le ayude a aplicar lo que ha aprendido en el estudio y compartirlo con otros.

L m mi J V S D Fecha: _____

Tema: _____

Versiculo clave:

_____
_____
_____
_____
_____
_____
_____
_____

Palabras nuevas - Significado

_____
_____
_____
_____
_____
_____
_____
_____

Observación: ¿Que es lo que el pasaje dice?

_____
_____
_____
_____
_____
_____
_____

Interpretación: ¿Que significa este pasaje?

_____
_____
_____
_____
_____
_____
_____
_____
_____

Aplicación: ¿Como se aplica a mi vida?

_____
_____
_____
_____
_____
_____
_____
_____

Oración: Pida a Dios que le ayude a aplicar lo que ha aprendido en el estudio y compartirlo con otros.

_____
_____
_____
_____
_____
_____
_____
_____
_____
_____
_____

L M Mi J V S D   Fecha:_____

Tema:_____

Versiculo clave:

Palabras nuevas - Significado

Observación: ¿Que es lo que el pasaje dice?

Interpretación: ¿Que significa este pasaje?

_____
_____
_____
_____
_____
_____
_____

Aplicación: ¿Como se aplica a mi vida?

_____
_____
_____
_____
_____
_____

Oración: Pida a Dios que le ayude a aplicar lo que ha aprendido en el estudio y compartirlo con otros.

_____
_____
_____
_____
_____
_____
_____
_____

L M Mi J V S D   Fecha: _____

Tema: _____

Versiculo clave:

_____
_____
_____
_____
_____
_____

Palabras nuevas - Significado

_____
_____
_____
_____
_____
_____

Observación: ¿Que es lo que el pasaje dice?

_____
_____
_____
_____
_____
_____
_____

Interpretación: ¿Que significa este pasaje?

_____
_____
_____
_____
_____
_____
_____

Aplicación: ¿Como se aplica a mi vida?

_____
_____
_____
_____
_____
_____

Oración: Pida a Dios que le ayude a aplicar lo que ha aprendido en el estudio y compartirlo con otros.

_____
_____
_____
_____
_____
_____
_____
_____

L m mi J V S D Fecha:_____

Tema:_____

Versiculo clave:

_____
_____
_____
_____
_____
_____

Palabras nuevas - Significado

_____
_____
_____
_____
_____

Observación: ¿Que es lo que el pasaje dice?

_____
_____
_____
_____
_____
_____

Interpretación: ¿Que significa este pasaje?

Aplicación: ¿Como se aplica a mi vida?

Oración: Pida a Dios que le ayude a aplicar lo que ha aprendido en el estudio y compartirlo con otros.

L M Mi J V S D   Fecha:_____

Tema:_____

Versículo clave:

_____
_____
_____
_____
_____
_____

Palabras nuevas - Significado

_____
_____
_____
_____
_____
_____

Observación: ¿Que es lo que el pasaje dice?

_____
_____
_____
_____
_____
_____
_____

Interpretación: ¿Que significa este pasaje?

_____
_____
_____
_____
_____
_____
_____
_____

Aplicación: ¿Como se aplica a mi vida?

_____
_____
_____
_____
_____
_____
_____
_____
_____
_____

Oración: Pida a Dios que le ayude a aplicar lo que ha aprendido en el estudio y compartirlo con otros.

_____
_____
_____
_____
_____
_____
_____
_____
_____
_____

L M Mi J V S D   Fecha:_____

Tema:_____

Versiculo clave:

_____
_____
_____
_____
_____
_____

Palabras nuevas - Significado

_____
_____
_____
_____
_____
_____

Observación: ¿Que es lo que el pasaje dice?

_____
_____
_____
_____
_____
_____
_____
_____

Interpretación: ¿Que significa este pasaje?

_____
_____
_____
_____
_____
_____
_____
_____

Aplicación: ¿Como se aplica a mi vida?

_____
_____
_____
_____
_____
_____
_____
_____

Oración: Pida a Dios que le ayude a aplicar lo que ha aprendido en el estudio y compartirlo con otros.

_____
_____
_____
_____
_____
_____
_____
_____
_____

L m mi J v S D   Fecha:_____

Tema:_____

Versiculo clave:

_____
_____
_____
_____
_____
_____
_____

Palabras nuevas - Significado

_____
_____
_____
_____
_____
_____

Observación: ¿Que es lo que el pasaje dice?

_____
_____
_____
_____
_____
_____
_____

Interpretación: ¿Que significa este pasaje?

_____
_____
_____
_____
_____
_____
_____
_____
_____

Aplicación: ¿Como se aplica a mi vida?

_____
_____
_____
_____
_____
_____
_____
_____
_____

Oración: Pida a Dios que le ayude a aplicar lo que ha aprendido en el estudio y compartirlo con otros.

_____
_____
_____
_____
_____
_____
_____
_____

L M Mi J V S D Fecha: _____

Tema: _____

Versiculo clave:

_____
_____
_____
_____
_____
_____
_____

Palabras nuevas - Significado

_____
_____
_____
_____
_____
_____
_____

Observación: ¿Que es lo que el pasaje dice?

_____
_____
_____
_____
_____
_____
_____
_____

Interpretación: ¿Que significa este pasaje?

Aplicación: ¿Como se aplica a mi vida?

Oración: Pida a Dios que le ayude a aplicar lo que ha aprendido en el estudio y compartirlo con otros.

L m mi J v S D   Fecha: _____

Tema: _____

Versiculo clave:

_____
_____
_____
_____
_____
_____
_____

Palabras nuevas - Significado

_____
_____
_____
_____
_____
_____

Observación: ¿Que es lo que el pasaje dice?

_____
_____
_____
_____
_____
_____
_____

Interpretación: ¿Que significa este pasaje?

_____
_____
_____
_____
_____
_____
_____
_____

Aplicación: ¿Como se aplica a mi vida?

_____
_____
_____
_____
_____
_____

Oración: Pida a Dios que le ayude a aplicar lo que ha aprendido en el estudio y compartirlo con otros.

_____
_____
_____
_____
_____
_____
_____
_____

Deuteronomio 26

L m mi J V S D   Fecha: _____

Tema: _____

Versiculo clave:

_____
_____
_____
_____
_____
_____

Palabras nuevas - Significado

_____
_____
_____
_____
_____
_____
_____

Observación: ¿Que es lo que el pasaje dice?

_____
_____
_____
_____
_____
_____
_____

Interpretación: ¿Qué significa este pasaje?

_____
_____
_____
_____
_____
_____
_____
_____

Aplicación: ¿Como se aplica a mi vida?

_____
_____
_____
_____
_____
_____
_____

Oración: Pida a Dios que le ayude a aplicar lo que ha aprendido en el estudio y compartirlo con otros.

_____
_____
_____
_____
_____
_____
_____
_____

L m mi J v s D   Fecha:_____

Tema:_____

Versiculo clave:

_____
_____
_____
_____
_____
_____
_____
_____

Palabras nuevas - Significado

_____
_____
_____
_____
_____
_____
_____

Observación: ¿Que es lo que el pasaje dice?

_____
_____
_____
_____
_____
_____
_____

Interpretación: ¿Que significa este pasaje?

_____
_____
_____
_____
_____
_____
_____
_____

Aplicación: ¿Como se aplica a mi vida?

_____
_____
_____
_____
_____
_____

Oración: Pida a Dios que le ayude a aplicar lo que ha aprendido en el estudio y compartirlo con otros.

_____
_____
_____
_____
_____
_____
_____
_____

L M Mi J V S D Fecha: _____

Tema: _____

Versiculo clave:

_____
_____
_____
_____
_____
_____
_____

Palabras nuevas - Significado

_____
_____
_____
_____
_____
_____

Observación: ¿Que es lo que el pasaje dice?

_____
_____
_____
_____
_____
_____

Interpretación: ¿Que significa este pasaje?

_____
_____
_____
_____
_____
_____
_____

Aplicación: ¿Como se aplica a mi vida?

_____
_____
_____
_____
_____
_____

Oración: Pida a Dios que le ayude a aplicar lo que ha aprendido en el estudio y compartirlo con otros.

_____
_____
_____
_____
_____
_____
_____

L m mi J V S D   Fecha: _____

Tema: _____

Versiculo clave:

_____
_____
_____
_____
_____
_____
_____

Palabras nuevas - Significado

_____
_____
_____
_____
_____
_____
_____

Observación: ¿Que es lo que el pasaje dice?

_____
_____
_____
_____
_____
_____

Interpretación: ¿Que significa este pasaje?

_____
_____
_____
_____
_____
_____
_____

Aplicación: ¿Como se aplica a mi vida?

_____
_____
_____
_____
_____
_____
_____
_____

Oración: Pida a Dios que le ayude a aplicar lo que ha aprendido en el estudio y compartirlo con otros.

_____
_____
_____
_____
_____
_____
_____
_____

L m mi J V S D   Fecha: _____

Tema: _____

Versiculo clave:

_____
_____
_____
_____
_____
_____
_____

Palabras nuevas - Significado

_____
_____
_____
_____
_____
_____
_____

Observación: ¿Que es lo que el pasaje dice?

_____
_____
_____
_____
_____
_____
_____
_____

Interpretación: ¿Que significa este pasaje?

_____
_____
_____
_____
_____
_____
_____
_____

Aplicación: ¿Como se aplica a mi vida?

_____
_____
_____
_____
_____
_____
_____

Oración: Pida a Dios que le ayude a aplicar lo que ha aprendido en el estudio y compartirlo con otros.

_____
_____
_____
_____
_____
_____
_____
_____
_____

Deuteronomio 31

L m mi J V S D Fecha: _____

Tema: _____

Versículo clave:

_____

Palabras nuevas - Significado

_____

Observación: ¿Que es lo que el pasaje dice?

_____

Interpretación: ¿Que significa este pasaje?

Aplicación: ¿Como se aplica a mi vida?

Oración: Pida a Dios que le ayude a aplicar lo que ha aprendido en el estudio y compartirlo con otros.

L m mi J v S D   Fecha: _____

Tema: _____

Versiculo clave:

_____
_____
_____
_____
_____
_____
_____

Palabras nuevas - Significado

_____
_____
_____
_____
_____
_____
_____
_____

Observación: ¿Que es lo que el pasaje dice?

_____
_____
_____
_____
_____
_____
_____

Interpretación: ¿Que significa este pasaje?

_____
_____
_____
_____
_____
_____
_____
_____
_____

Aplicación: ¿Como se aplica a mi vida?

_____
_____
_____
_____
_____
_____
_____
_____
_____

Oración: Pida a Dios que le ayude a aplicar lo que ha aprendido en el estudio y compartirlo con otros.

_____
_____
_____
_____
_____
_____
_____

L m mi J V S D   Fecha: _____

Tema: _____

Versiculo clave:

_____
_____
_____
_____
_____
_____
_____

Palabras nuevas - Significado

_____
_____
_____
_____
_____
_____
_____

Observación: ¿Que es lo que el pasaje dice?

_____
_____
_____
_____
_____
_____
_____

Interpretación: ¿Qué significa este pasaje?

Aplicación: ¿Como se aplica a mi vida?

Oración: Pida a Dios que le ayude a aplicar lo que ha aprendido en el estudio y compartirlo con otros.

L M Mi J V S D Fecha: _____

Tema: _____

Versiculo clave:

_____
_____
_____
_____
_____
_____

Palabras nuevas - Significado

_____
_____
_____
_____
_____
_____

Observación: ¿Que es lo que el pasaje dice?

_____
_____
_____
_____
_____
_____
_____

Interpretación: ¿Que significa este pasaje?

Aplicación: ¿Como se aplica a mi vida?

Oración: Pida a Dios que le ayude a aplicar lo que ha aprendido en el estudio y compartirlo con otros.

Made in the USA
Monee, IL
29 May 2023